Beilageheft zum Veterinär-Kalender
herausgegeben von
Stabsveterinär Dr. M. Rautenberg,
Berlin-Treptow.

Veterinär-Polizei.

# Ausführungsbestimmungen

für das

## Königreich Preussen.

Von

Regierungs- und Veterinärrat **Holtzhauer**,
Mitglied der Kgl. Regierung in Erfurt.



Springer-Verlag Berlin Heidelberg GmbH

ISBN 978-3-662-34170-4
DOI 10.1007/978-3-662-34440-8
ISBN 978-3-662-34440-8 (eBook)

## 1. Ausführungsgesetz zum V. G.

A. G. Vom 25. Juli 1911.

(Siehe Beiheft Veterinär-Polizei S. 26—37.)

---

## 2. Ausführungsbestimmungen zum A. G.

A. B. A. G. Vom 12. April 1912.

Auf Grund des § 30 des Ausführungsgesetzes zum Viehseuchengesetze vom 25. Juli 1911 (Gesetzsamml. S. 149*) wird hierdurch vom 1. Mai 1912 ab folgendes bestimmt:

### I. Verfahren und Behörden.

§ 1. Auf Grund des § 1 Abs. 4 A. G. wird der Polizeipräsident von Berlin mit der Leitung und Ueberwachung der Bekämpfungsmassregeln für die Gemeindebezirke Weissensee, Reinickendorf, Friedrichsfelde und Pankow im Kreise Niederbarnim sowie für die zum Magerviehhof in Friedrichsfelde gehörigen Seuchengehöfte in Erkner, Marzahn und Karlshorst in demselben Kreise beauftragt. Dem Polizeipräsidenten stehen in diesen Bezirken die polizeilichen Befugnisse zu, die im Viehseuchengesetz, im Ausführungsgesetz und in den Ausführungsbestimmungen zu diesen Gesetzen, insbesondere in der hierzu am 1. Mai ergehenden viehseuchenpolizeilichen Anordnung dem Regierungspräsidenten übertragen sind.

---

*) Bei der Bezeichnung der einzelnen Gesetze und Ausführungsvorschriften werden folgende Abkürzungen gebraucht werden:

1. V. G.: Viehseuchengesetz vom 26. Juni 1909 (Reichs-Gesetzbl. S. 519),
2. A. G.: Preussisches Ausführungsgesetz zum Viehseuchengesetze vom 25. Juli 1911 (Gesetzsamml. S. 149),
3. B. A. V. G.: Ausführungsvorschriften des Bundesrats zum Viehseuchengesetze vom 7. Dezember 1911, veröffentlicht durch die Bekanntmachung des Reichskanzlers vom 25. Dezember 1911 (Reichs-Gesetzbl. 1912 S. 3),
4. V. A. V. G.: Viehseuchenpolizeiliche Anordnung des Ministers für Landwirtschaft usw., zugleich Ausführungsanweisung zum Viehseuchengesetze vom 1. Mai 1912.

Wo in den nachstehenden Vorschriften vom Regierungspräsidenten die Rede ist, tritt an seine Stelle, auch soweit dies nicht besonders hervorgehoben ist, für den Landespolizeibezirk Berlin der Polizeipräsident von Berlin.

§ 2. Viehseuchenpolizeiliche Anordnungen der im § 3 Abs. 1 A. G. bezeichneten Art sind in folgender Weise zu veröffentlichen:

a) Anordnungen auf Grund der §§ 7, 16, 17, 78 V. G. in folgender Form: „Viehseuchenpolizeiliche Anordnung. Auf Grund des § 7 (16, 17, 78) des Viehseuchengesetzes vom 26. Juni 1909 (Reichs-Gesetzbl. S. 519) wird hierdurch (mit Genehmigung [Ermächtigung] des Ministers für Landwirtschaft, Domänen und Forsten) folgendes bestimmt:"

b) Anordnungen zum Schutze gegen eine bestimmte Seuchengefahr, z. B. gegen die Maul- und Klauenseuche in folgender Form: „Viehseuchenpolizeiliche Anordnung. Zum Schutze gegen die Maul- und Klauenseuche wird auf Grund der §§ 18 ff. des Viehseuchengesetzes vom 26. Juni 1909 (Reichs-Gesetzbl. S. 519) (mit Genehmigung [Ermächtigung] des Ministers für Landwirtschaft, Domänen und Forsten) folgendes bestimmt:"

Es wird besonders auf die Vorschrift des § 3 Abs. 5 A. G. hingewiesen, wonach in allen viehseuchenpolizeilichen Anordnungen, die verbindliche Kraft für eine unbestimmte Zahl von Personen erlangen sollen, eine etwa vorgeschriebene Ermächtigung oder Genehmigung des Ministers *bei Vermeidung der Ungültigkeit* erwähnt werden muss. Eine Ermächtigung seitens des Ministers ist zunächst im § 79 Abs. 2 V. G. für alle Vorschriften gefordert, die von den höheren Polizeibehörden (den Regierungspräsidenten oder dem Polizeipräsidenten von Berlin) über die Anwendung und Ausführung der nach den §§ 16 bis 65, 78 V. G. zulässigen Massregeln erlassen werden, *sofern sie über die Ausführungsvorschriften des Bundesrats hinausgehen*. Im § 1 Abs. 2 A. G. ist sodann bestimmt, dass die Obliegenheiten der Landesregierung mit Ermächtigung des Ministers auch von den Regierungspräsidenten (im Landespolizeibezirke Berlin vom Polizeipräsidenten) wahrgenommen werden können. Den Landesregierungen sind sowohl im V. G. als auch in den B. A. V. G. zahlreiche Obliegenheiten überwiesen. Ferner ist im § 2 A. G. der Erlass von Anordnungen auf Grund des § 7 V. G. durch die Regierungspräsidenten und Landräte allgemein von der Genehmigung des Ministers abhängig gemacht. Endlich ist in der V. A. V. G. für eine Reihe von Anordnungen die Genehmigung des Ministers vorgeschrieben. Hiernach sind die Fälle des Erfordernisses der Genehmigung oder Ermächtigung des

Ministers für viehseuchenpolizeiliche Anordnungen sehr zahlreich. Es wird in jedem einzelnen Falle sorgfältig zu prüfen sein, ob das Erfordernis vorliegt, und auch im Zweifelfalle die Erteilung der Genehmigung oder der Ermächtigung in den viehseuchenpolizeilichen Anordnungen zu erwähnen sein. Unter Ermächtigung ist diejenige Zustimmungserklärung zu verstehen, die bereits vorweg, auch allgemein zu Anordnungen bestimmter Art erteilt werden kann. Eine Genehmigung muss für eine vorgelegte oder genau beschriebene Anordnung im Einzelfalle nachgesucht werden. In den Anordnungen, die vom Landrat mit Ermächtigung oder Genehmigung des Regierungspräsidenten erlassen werden (vgl. § 1 Abs. 2 A. G.), ist die Erteilung dieser Ermächtigung oder Genehmigung zu erwähnen, ohne dass jedoch hiervon die Gültigkeit der Anordnung abhängig ist.

§ 3. Für die an eine bestimmte Person gerichteten viehseuchenpolizeilichen Anordnungen genügt mündliche Bekanntgabe (§ 3 Abs. 2 A. G.). Soweit tunlich, ist jedoch die Anordnung in schriftlicher Form zu erlassen, oder es ist den Beteiligten nachträglich schriftliche Mitteilung zu machen. Dies gilt namentlich dann, wenn die Anordnung für längere Zeit Geltung haben soll und nicht sofort durch die Ausführung ihre Erledigung findet. Ist dem Viehbesitzer die Verfügung zu Protokoll eröffnet worden, so hat eine schriftliche Mitteilung durch Erteilung einer Abschrift des Protokolls zu erfolgen, sofern das Protokoll dem Viehbesitzer nicht in Urschrift übergeben ist. Die Beteiligten sind auf ihr Recht, binnen einer Woche eine schriftliche Mitteilung über die erlassene Anordnung zu verlangen, hinzuweisen.

§ 4. Zur Gültigkeit der viehseuchenpolizeilichen Anordnungen der Regierungspräsidenten genügt die Veröffentlichung im Amtsblatt ihres Bezirkes (§ 3 Abs. 1 A. G.). Anordnungen des Polizeipräsidenten in Berlin, und zwar auch solche, die für die im § 1 dieser Bestimmungen erwähnten Bezirke ausserhalb des Landespolizeibezirks Berlin ergehen, erlangen durch Veröffentlichung in dem Amtsblatt für den gedachten Landespolizeibezirk Gültigkeit. Unbeschadet dieser Vorschriften ist jedoch die Veröffentlichung auch in anderen geeigneten Blättern zu bewirken, sofern dies nach Lage der Sache zweckmässig erscheint, um das der Anordnung gebührende Bekanntwerden zu sichern.

§ 5. Der Regierungspräsident hat darüber Bestimmung zu treffen, in welcher Art die Veröffentlichung der Anordnungen der Landräte und der Ortspolizeibehörden, um Gültigkeit zu erlangen, zu erfolgen hat (§ 3 Abs. 1 letzter Satz A. G.). Für diesen Zweck ist regelmässig, sofern nicht eine anderweite Form der ortsüblichen Bekanntmachung (durch Aushang, Ausrufen usw.) als genügend anzusehen ist, die Veröffentlichung nur in einem Blatte vorzuschreiben. Daneben aber hat die Vorschrift im Abs. 2 des § 4 auch hier Anwendung zu finden.

§ 6. Ueber Beschwerden gegen viehseuchenpolizeiliche Anordnungen (§ 4 A. G.) entscheidet, unbeschadet der Vorschrift im § 4 Abs. 2 A. G.:

a) wenn die Verfügung von einer Ortspolizeibehörde auf dem Lande oder einer zu einem Landkreise gehörigen Stadt, deren Einwohnerzahl bis zu 10 000 Einwohner beträgt (vgl. jedoch unter b), erlassen worden ist, der Landrat;

b) wenn die Anordnung von der Ortspolizeibehörde eines Stadtkreises oder einer zu einem Landkreise gehörigen Stadt von mehr als 10 000 Einwohnern oder einer selbständigen Stadt der Provinz Hannover (vgl. §§ 27, 28 der Kreisordnung für die Provinz Hannover vom 6. Mai 1884, Gesetzsamml. S. 181) oder von dem Landrate getroffen worden ist, der Regierungspräsident;

c) wenn die Anordnung von dem Regierungspräsidenten oder dem Polizeipräsidenten von Berlin getroffen worden ist, der Minister.

Die Beschwerde kann auch bei der Behörde angebracht werden, von der die angefochtene Verfügung erlassen ist. Ueber die aufschiebende Wirkung der Beschwerde nach § 80 Abs. 2 V. G. entscheidet, wenn nicht bereits die genannte Behörde die Ausführung der angefochtenen Verfügung bis zur Entscheidung über die Beschwerde ausgesetzt hat, die zur Entscheidung über die Beschwerde berufene Behörde nötigenfalls vorab.

## II. Entschädigungen.

### a) Feststellung des Krankheitszustandes.

§ 7. Die Feststellung des für die Entschädigung in Betracht kommenden Krankheitszustandes erfolgt durch eine Untersuchung des Tieres im Wege der Zerlegung nach Massgabe der Anweisung für das Zerlegungsverfahren bei Viehseuchen (Anlage B zur V. A. V. G.). Bei Milzbrand, Rauschbrand, Wild- und Rinderseuche sowie nötigenfalls bei Tuberkulose ist ausserdem die ebenda vorgeschriebene mikroskopische Prüfung vorzunehmen (§§ 20, 29 der Anlage B). Die Zerlegung ist in jedem Falle vollständig auszuführen (vgl. § 19 Abs. 2 der Anlage B). Die Untersuchung liegt demjenigen beamteten Tierarzt ob, in dessen Amtsbezirke sich das Tier zur Zeit des Todes oder der Tötung befunden hat. Ausnahmsweise kann, falls der Kadaver des Tieres nach einer zum Amtsbezirk eines anderen beamteten Tierarztes gehörigen Abdeckerei abgeliefert wird und falls es zweckmässig erscheint, die Zerlegung in der Abdeckerei vorzunehmen, mit der Vornahme der Untersuchung der für den Ort der Abdeckerei zuständige beamtete Tierarzt beauftragt werden. Die näheren Bestimmungen hierüber trifft der Regierungspräsident, und zwar, wenn die Abdeckerei in einem anderen Regierungsbezirke liegt, nach Benehmen mit dem für diesen Bezirk zuständigen Regierungspräsidenten. Ueber den Untersuchungsbefund hat der beamtete Tierarzt eine Niederschrift nebst einem Gutachten nach dem der Anweisung für das Zerlegungsverfahren beigefügten Muster aufzunehmen. Am Schlusse des Gutachtens ist eine Aeusserung darüber abzugeben, ob nach dem Gesamtbefund eine nach § 66 V. G. oder nach § 5 A. G. oder nach der Viehseuchenentschädigungssatzung des Provinzial- (oder des ihm gleichstehenden Kommunal-) Verbandes einen Entschädigungsanspruch begründende Krankheit vorliegt, sowie ob das Tier an einer sonstigen Krankheit gelitten hat, die nach § 71 Nr. 1 V. G. im Zusammenhang mit § 8 A. G. und den Vorschriften der in Betracht kommenden Entschädigungssatzung den Entschädigungsanspruch ausschliesst. Bei Feststellung von Tuberkulose ist besonders hervorzuheben, ob offene Tuberkulose im Sinne des § 10 Abs. 1 Nr. 12 V. G. vorliegt (vgl. § 29 der Anweisung für das Zerlegungsverfahren, Anlage B zur V. A. V. G.). Das Gutachten ist der Ortspolizeibehöide zu übermitteln, und zwar bei den auf polizeiliche Anordnung getöteten und den infolge einer polizeilich angeordneten Impfung eingegangenen Tieren der Ortspolizeibehörde desjenigen Bezirkes, in dem sich das Tier zur Zeit der Anordnung der Tötung oder der Impfung befunden hat, im übrigen der Ortspolizeibehörde desjenigen Bezirkes, in dem sich das Tier zur Zeit des Todes befunden hat. Findet die Zerlegung des Tieres in einer Abdeckerei ausserhalb des Ortspolizeibezirks statt, in dem das Tier gefallen oder getötet worden ist (vgl. Abs. 2), so kann der Regierungspräsident das Verfahren anderweit regeln.

§ 8. Hat die Feststellung des Krankheitszustandes in Abwesenheit des Besitzers stattgefunden, so ist er von dem Ergebnis der Untersuchung unverzüglich in Kenntnis zu setzen. Der beamtete Tierarzt hat dafür Sorge zu tragen, dass die für die Feststellung der Krankheit erforderlichen Teile, soweit angängig, aufbewahrt werden.

§ 9. Eine Nachprüfung des amtstierärztlichen Gutachtens an einer anderen Untersuchungsstelle (§ 13 Abs. 1 A. G.) hat stattzufinden

1. bei Milzbrand von Pferden sowie bei Wild- und Rinderseuche in allen Fällen;

2. bei Milzbrand anderer Tiere und bei Rauschbrand: a) wenn die Untersuchung durch die Zerlegung des Tieres und die mikroskopische Prüfung nach der Ansicht des beamteten Tierarztes zu einem sicheren Ergebnis nicht geführt hat; b) wenn zwischen dem beamteten Tierarzt und dem von dem Besitzer zugezogenen Tierarzt (§ 15 V.G., § 14 A. G.) Meinungsverschiedenheiten über die Feststellung der Seuche obwalten.

Es bleibt vorbehalten, für Gegenden, in denen Milzbrand häufiger auftritt, oder auf Antrag des beteiligten Verbandes eine Nachprüfung in weiteren Fällen vorzuschreiben. Die Nachprüfungen haben an den Untersuchungsstellen stattzufinden, die von den Provinzial- oder den ihnen gleichstehenden Verbänden mit Genehmigung des Ministers zu dem Zwecke zur Verfügung gestellt werden. Wo derartige Untersuchungsstellen bereits vorhanden sind, verbleibt es bei diesen. Im übrigen wird die Bezeichnung nach weiterer Behandlung erfolgen. Sofern und solange eine Untersuchungsstelle nicht bezeichnet ist, unterbleibt eine Nachprüfung. Das Untersuchungsmaterial ist den Untersuchungsstellen von den beamteten Tierärzten zu übersenden. Die Entnahme und die Versendung der Proben sowie das sonst bei der Nachprüfung zu beobachtende Verfahren richtet sich nach der dieser Verfügung beigefügten Anlage. Das Ergebnis der Nachprüfung ist für die Feststellung der Seuche entscheidend, vorbehaltlich des Rechtes der Beteiligten, ein Obergutachten zu verlangen.

§ 10. Ein Obergutachten (§ 14 Abs. 1 A. G.) ist einzuholen:

1. wenn der Tierbesitzer ein Gutachten eines anderen Tierarztes beibringt und zwischen diesem und dem beamteten Tierarzte Meinungsverschiedenheiten über

eine Frage bestehen, von der die Entschädigungsleistung abhängig ist;

2. auf Antrag des beteiligten Verbandes;

3. wenn über die Richtigkeit der Angaben des beamteten Tierarztes erhebliche Zweifel obwalten.

Die Einholung des Obergutachtens hat durch den Regierungspräsidenten zu erfolgen. Das Obergutachten ist von dem Departementstierarzt, in dessen Amtsbezirk die Zerlegung des Tieres stattgefunden hat, in Fällen seiner Verhinderung von seinem Vertreter zu erstatten. War der Departementstierarzt selbst bei der Abfassung des ersten Gutachtens beteiligt, so ist ein benachbarter Departementstierarzt mit der Abgabe des Obergutachtens zu beauftragen. Die Regierungspräsidenten haben nach Benehmen mit den benachbarten Regierungspräsidenten ein für allemal zu bestimmen, welcher Departementstierarzt in solchen Fällen zuzuziehen ist. Bei Ermittelung von Milzbrand, Rauschbrand sowie von Wild- und Rinderseuche ist vor Einholung des Obergutachtens stets eine Nachprüfung des amtstierärztlichen Gutachtens gemäss § 9 zu veranlassen. Das Obergutachten ist erst dann einzuholen, wenn auch gegenüber dem Ergebnisse der Nachprüfung der Antrag auf Einholung des Obergutachtens von dem beteiligten Verband oder von dem Viehbesitzer aufrechterhalten wird. Falls die Anrufung des Landesveterinäramts von dem Viehbesitzer oder dem Verbande beantragt oder von dem Regierungspräsidenten für notwendig erachtet wird (§ 14 Abs. 2 A. G.), ist die Einholung eines Gutachtens vom Regierungspräsidenten beim Minister zu beantragen. Die erstatteten Obergutachten sind den Beteiligten baldmöglichst bekanntzugeben.

### b) Schätzung.

§ 11. Bei der Schätzung sind die Vorschriften der §§ 16 bis 20, 22 A. G. und, soweit die Verbände beteiligt sind, die von ihnen hierzu, insbesondere in den Entschädigungssatzungen gegebenen Vorschriften zu beachten. Im übrigen gelten nachstehende Bestimmungen (§ 21 A. G.).

§ 12. Die Schätzung gefallener sowie ohne polizeiliche Anordnung getöteter Tiere hat möglichst gleichzeitig mit der Feststellung des Krankheitszustandes an dem Orte stattzufinden, an dem die Zerlegung erfolgt. Im Falle der Tötung von Tieren auf polizeiliche Anordnung hat die Schätzung des Tieres regelmässig vor der Tötung an dem Orte stattzufinden, an dem sich das Tier zur Zeit der Anordnung der Tötung befindet. Die Schätzung nach der Tötung ist nur dann zulässig, wenn aus veterinärpolizeilichen Gründen oder mit Rücksicht auf die Natur der Krankheit, z. B. bei Tollwut, die alsbaldige Tötung geboten erscheint. Für Zeit und Ort der Schätzung gilt alsdann die Vorschrift des Abs. 1.

§ 13. Die Schätzung der dem Besitzer zur Verfügung bleibenden Teile getöteter oder gefallener Tiere hat gleichzeitig mit der Schätzung der Tiere selbst oder im Anschlusse daran zu erfolgen. Wenn sich im Falle der Tötung von Tieren auf polizeiliche Anordnung für die Schätzung der zur Verfügung bleibenden Teile vor der Tötung sichere Anhaltspunkte nicht gewinnen lassen, so kann die Schätzung dieser Teile nach der Tötung des Tieres am Orte der Zerlegung vorgenommen werden. Soweit hiernach die Schätzung der verfügbaren Teile in einem anderen Ortspolizeibezirke stattfindet als die Schätzung des Tieres, ist die über die letztere Schätzung aufgenommene Schätzungsurkunde (§ 17) der für den Ort der Zerlegung zuständigen Ortspolizeibehörde zu übermitteln. Diese hat die Schätzung der verfügbaren Teile zu veranlassen und alsdann beide Schätzungsurkunden der Ortspolizeibehörde zu übersenden, in deren Bezirke die Schätzung des Tieres stattgefunden hat. Wegen des Verfahrens in den Fällen, in denen die Provinzial- und die ihnen gleichstehenden Verbände die Verwertung der zur Verfügung bleibenden Teile für eigene Rechnung übernommen haben, bleibt weitere Verfügung vorbehalten.

§ 14. Die im § 16 Abs. 3 A. G. für den Fall vorgesehene Wiederholung der Schätzung, dass diese unter Voraussetzungen erfolgt ist, die sich durch endgültige Feststellung des Krankheitszustandes ändern, ist im Interesse der Kostenersparnis nach Möglichkeit zu vermeiden. Bei Entschädigung wegen Tuberkulose wird eine Wiederholung der Schätzung dann entbehrlich sein, wenn sich aus der Schätzungsurkunde einerseits der gemeine Wert des Tieres, anderseits der Minderwert ergibt, den das Tier dadurch erlitten hat, dass es von der Krankheit befallen ist, oder wenn aus der Urkunde hervorgeht, dass nach der Körperbeschaffenheit des Tieres ein Abzug von dem gemeinen Werte wegen Minderwerts aus Anlass der Tuberkulose nicht zu machen ist. In diesen Fällen ist für die Berechnung der vom Staate zu leistenden Entschädigung, wenn bei der Feststellung des Krankheitszustandes Tuberkulose im Sinne des § 10 Abs. 1 Nr. 12 V. G. nicht ermittelt wird, der angegebene gemeine Wert des Tieres zugrunde zu legen. Bei Schätzung der dem Besitzer zur Verfügung bleibenden Teile im Falle der Tötung von Tieren ist zu beachten, ob dem Besitzer auch dann Teile zur Verfügung bleiben, wenn die Seuche festgestellt wird. Zutreffendenfalls ist in der Schätzungsurkunde zum Ausdrucke zu bringen, welchen Wert die verfügbaren Teile bei Feststellung der Seuche haben, zugleich aber auch, wie hoch ihr Wert anzunehmen ist, wenn die Seuche nicht vorliegt.

§ 15. Die Schätzung ist in der Regel durch den beamteten Tierarzt und die Schiedsmänner gemeinschaftlich vorzunehmen (vgl. jedoch § 16). Zu diesem Zwecke sind die Schiedsmänner tunlichst spätestens zu der Feststellung des Krankheitszustandes durch den beamteten Tierarzt oder im Anschlusse daran zuzuziehen. Ist die rechtzeitige Zuziehung der Schiedsmänner nicht möglich, so hat der beamtete Tierarzt sein Gutachten zunächst allein abzugeben. Die Schätzung durch die Schiedsmänner ist alsdann unverzüglich nachzuholen.

§ 16. Die Schätzung hat durch den beamteten Tierarzt allein zu erfolgen:

1. wenn der beteiligte Besitzer zustimmt;

2. wenn nach den Entschädigungssatzungen der Provinzial und der ihnen gleichstehenden Kommunalverbände die Schätzung durch den beamteten Tierarzt allein zugelassen ist;

im Falle zu 1 jedoch nur dann, wenn die Schätzungssumme für die gleichzeitig zu entschädigenden Tiere eines Besitzers 1 500 Mark nicht übersteigt, im Falle zu 2 nur, wenn diese Summe nicht mehr als 500 Mark beträgt. Es bleibt vorbehalten, die Ermächtigung der beamteten Tierärzte zur alleinigen Vornahme der Schätzung allgemein oder für einzelne Landesteile einzuschränken oder zurückzuziehen. Soweit dies geschieht, sind zu den Schätzungen in allen Fällen die Schiedsmänner zuzuziehen.

§ 17. Für die Aufnahme der Schätzungsurkunde (§ 20 A. G.) hat der beamtete Tierarzt Sorge zu tragen, falls die Schätzung von ihm in Gemeinschaft mit den Schiedsmännern bewirkt wird, andernfalls die Ortspolizeibehörde. Die Schätzungsurkunde ist der im § 7 Abs. 4 bezeichneten Ortspolizeibehörde zu übermitteln.

§ 18. Die gegenwärtig im Amte befindlichen Schiedsmänner sind bis zum Ablaufe der Frist, für die sie benannt sind, in ihrem Amte zu belassen. Alsdann hat der Landrat, in Stadtkreisen der Magistrat, wegen Bezeichnung der Schiedsmänner für die nächsten drei Jahre das Erforderliche zu veranlassen. Hierbei ist im Interesse der Kostenersparnis und der Beschleunigung des Verfahrens dafür zu sorgen, dass überall Schiedsmänner in ausreichender Zahl zur Verfügung stehen. Auf die im § 17 Abs. 3 A. G. vorgesehene Bildung von Schiedsmännerbezirken ist möglichst überall hinzuwirken.

§ 19. Die eidliche Verpflichtung der Schiedsmänner (§ 17 Abs. 4 A. G.) hat ein für allemal für die Dauer ihrer Schiedsmannstätigkeit zu erfolgen. Sie kann gelegentlich der ersten Teilnahme an einer Schätzung geschehen. Für eine sich an die bisherige Amtszeit unmittelbar anschliessende Tätigkeit bedarf es einer neuen Vereidigung nicht. Es genügt der Hinweis auf den früher geleisteten Eid.

c) Verfahren der Polizeibehörden.

§ 20. Wird die Tötung eines Tieres polizeilich angeordnet oder werden Entschädigungsansprüche für getötetes oder gefallenes Vieh auf Grund des Viehseuchengesetzes, des Ausführungsgesetzes oder der Entschädigungssatzungen der Provinzial- oder der ihnen gleichstehenden Kommunalverbände von einem Viehbesitzer erhoben oder auf andere Weise der Ortspolizeibehörde bekannt, so hat diese, sofern nicht feststeht, dass ein Entschädigungsanspruch nicht gegeben ist (§ 22 A. G.), die Feststellung des Krankheitszustandes und die Schätzung zu veranlassen. Ob und inwieweit bei gefallenen Tieren zweckmässig die Zuziehung sowohl des beamteten Tierarztes zur Feststellung des Krankheitszustandes als auch der Schiedsmänner zur Schätzung zu veranlassen sein wird, ist nach Lage des Falles zu beurteilen. Von der Zuziehung der Schiedsmänner ist abzusehen, wenn der beamtete Tierarzt allein zur Vornahme der Schätzung befugt ist (§ 16). Wird die Einholung eines Obergutachtens erforderlich, so hat die Ortspolizeibehörde die Verhandlungen und die Schätzungsurkunde unter Beachtung der Vorschrift des Abs. 3 Satz 2 dem Regierungspräsidenten einzureichen. Dieser hat wegen Einholung des Obergutachtens — nötigenfalls durch Vermittelung des dem zuständigen Departementstierarzt vorgesetzten Regierungspräsidenten (vgl. § 10 Abs. 3) — das Erforderliche zu veranlassen und nach Erstattung des Obergutachtens, falls die

Entschädigungsleistung ganz oder teilweise dem Verband obliegt, sämtliche Verhandlungen und Urkunden dem Verbande zu übersenden. Bei Vornahme einer Nachprüfung an einer besonderen Untersuchungsstelle sind die hierfür erlassenen besonderen Bestimmungen (§ 9 und Anlage dazu) zu beachten. Die Ortspolizeibehörde hat in diesem Falle die in ihren Händen befindlichen Urkunden, gegebenenfalls mit den nötigen Bescheinigungen versehen (vgl. Abs. 3 Satz 2), dem Landeshauptmann (Landesdirektor) einzureichen. Im übrigen hat die Ortspolizeibehörde in den Fällen des § 66 Nr. 4 V. G., § 5 A. G., ferner in allen Fällen, in denen die Verbände in den Entschädigungssatzungen über die Gesetze hinaus die Entschädigungspflicht übernommen haben, die Verhandlungen, Gutachten und Schätzungsurkunden unmittelbar dem Landeshauptmann (Landesdirektor) zu übersenden. Hierbei hat sie zu bescheinigen, dass bei der Schätzung die Bestimmungen der §§ 17 bis 19 A. G. beobachtet sind, und hat anzugeben, ob und in welcher Höhe eine Anrechnung nach § 68 Abs. 2 V. G., § 6 A. G. und nach den in Betracht kommenden Bestimmungen der Entschädigungssatzungen der Verbände stattzufinden hat, sowie ferner, ob ein zur Versagung der Entschädigung führender Grund vorliegt. In den anderen Entschädigungsfällen (§ 66 Nr. 1 bis 3 V. G.) sind die Verhandlungen in derselben Weise dem Regierungspräsidenten, in Landkreisen durch die Hand des Landrats einzureichen. Der Regierungspräsident hat darüber zu befinden, ob ein Obergutachten des Departementstierarztes nach § 14 Abs. 1 A. G. (vgl. § 10) einzuholen ist. Soweit die Verbände die Entschädigung teilweise oder ganz zu leisten haben, sind darauf sämtliche Akten an den Landeshauptmann (Landesdirektor) zur weiteren Veranlassung weiterzusenden. Im Falle des § 66 Nr. 2 hat sich der Regierungspräsident darüber zu äussern, ob die Voraussetzungen gegeben waren, unter denen die polizeiliche Anordnung der Tötung erfolgen muss.

§ 21. Die Entschädigungen werden, soweit sie zum Teil aus der Staatskasse, zum Teil von den Verbänden zu tragen sind, zunächst vorschussweise von den Verbänden gezahlt werden. Soweit nicht in den Verbandssatzungen eine Abrechnung in anderen Zeiträumen vorgesehen ist, wird am Schlusse des Rechnungsjahres von der Verbandskasse eine Abrechnung aufgestellt und dem Regierungspräsidenten übersandt werden. Der Regierungspräsident hat dafür Sorge zu tragen, dass dem Verband alsbald von den für maul- und klauenseuchekranke Rinder gezahlten Entschädigungen die Hälfte, von den für tuberkulosekranke Rinder gezahlten Entschädigungen ein Drittel erstattet wird. Die allein der Staatskasse zur Last fallenden Entschädigungen hat der Regierungspräsident binnen spätestens vier Wochen nach Feststellung der Entschädigungspflicht unter Beachtung des § 69 V. G. kostenfrei zahlen zu lassen.

## III. Kosten.

§ 22. Soweit den beamteten Tierärzten für die Teilnahme an der Schätzung gegenüber den Verbänden ein Anspruch auf Vergütung oder Dienstaufwandsentschädigung zusteht (§ 24 Abs. 3, 4 A. G.), sind ihnen Reisekosten nach den für die Besorgung amtlicher Geschäfte massgebenden Sätzen zu gewähren. Die Schiedsmänner erhalten für die Teilnahme an der Schätzung:

1. wenn die Schätzung am Wohnorte des Schiedsmanns oder in einer Entfernung von nicht mehr als 2 km davon erfolgt, eine Vergütung von 2 Mark für jede angefangene Stunde. Die Vergütung darf jedoch den Betrag von 9 Mark für einen Tag nicht überschreiten. Als versäumt gilt auch die Zeit, während deren der Schiedsmann seine gewöhnliche Beschäftigung nicht wieder aufnehmen kann;
2. bei Schätzungen ausserhalb des Wohnorts in einer Entfernung von mehr als 2 km ausser der Vergütung zu 1 Fahrkosten nach den Sätzen für die im § 1 Ziffer V des Gesetzes vom 26. Juli 1910 (Gesetzsamml. S. 150) aufgeführten Beamten unter sinngemässer Anwendung der für die Beamten geltenden Vorschriften.

§ 23. Die Kostenrechnungen der beamteten Tierärzte und der Schiedsmänner für die Teilnahme an der Schätzung sind der Ortspolizeibehörde zu übersenden, in deren Bezirke die Schätzung stattgefunden hat. Diese hat sie zu prüfen, mit der Bescheinigung der Richtigkeit zu versehen und gegebenenfalls der in § 7 Abs. 4 bezeichneten Ortspolizeibehörde zu übersenden. Alsdann sind die Kostenrechnungen in den Fällen des § 66 Nr. 1 bis 3 V. G. dem Regierungspräsidenten, in allen anderen Fällen dem Landeshauptmann (Landesdirektor) einzureichen (vgl. § 24 Abs. 2 A. G.). Die Festsetzung und Auszahlung der Forderungsnachweise liegt, soweit die Staatskasse zur Tragung der Kosten verpflichtet ist (§ 66 Nr. 1 bis 3 V. G.), dem Regierungspräsidenten ob.

§ 24. In § 25 Abs. 3 A. G. ist an dem Grundsatze festgehalten, dass die Festsetzung der Vergütung für die amtstierärztliche Beaufsichtigung nach § 16 V. G. sowie für die Untersuchung und Ueberwachung nach § 17 Nr. 1 und 7 V. G. in erster Linie der Vereinbarung der Beteiligten überlassen bleiben soll. Nach Abs. 4 ebenda ist es aber zulässig, für gleichartige amtstierärztliche Verrichtungen der bezeichneten Art Vergütungssätze ohne Rücksicht auf eine etwaige Vereinbarung unter den Beteiligten bindend vorzuschreiben. Es ist zu prüfen, ob und inwieweit ein Bedürfnis vorliegt, von dieser Möglichkeit Gebrauch zu machen. Soweit jetzt schon für derartige gleichartige amtstierärztliche Verrichtungen Vergütungssätze festgesetzt sind, und soweit sich Uebelstände daraus ergeben haben, dass die Tierärzte an die Vergütungssätze nicht gebunden waren, werden die Regierungspräsidenten ermächtigt, die Vergütungen bindend vorzuschreiben. Von dem Veranlassten ist Anzeige zu erstatten. Soweit neue Vergütungssätze mit verbindlicher Kraft eingeführt werden sollen, ist zu berichten. Falls ein Bedürfnis dafür vorliegt, die Einziehung der für die amtstierärztlichen Verrichtungen festgesetzten Vergütungen zur Staatskasse anzuordnen (§ 25 Abs. 4 A. G.), ist zunächst die Entscheidung des Ministers einzuholen.

§ 25. Die Pflicht der Gemeinde zur Stellung von Hilfsmannschaften (§ 26 Nr. 3) erstreckt sich, wenn nach Lage der Sache zur Beseitigung der Kadaver die Zuziehung eines besonderen sachverständigen Gehilfen, etwa in der Person eines Abdeckers, notwendig wird, auch auf solches Personal.

**Anlage zu § 9.**

## Vorschriften für die Nachprüfung des amtstierärztlichen Gutachtens bei Milzbrand, Rauschbrand, Wild- und Rinderseuche.

1. Wird eine Nachprüfung des amtstierärztlichen Gutachtens an einer besonderen Untersuchungsstelle erforderlich (§ 9), so hat der beamtete Tierarzt mit möglichster Beschleunigung der Untersuchungsstelle folgende Untersuchungsproben einzusenden:

a) drei lufttrockene, ungefärbte, nicht erwärmte Deckglasausstrichpräparate, die bei Milzbrand von gefallenen Tieren aus dem Blute einer Ohr- oder Halsvene, von notgeschlachteten Tieren aus den veränderten

Teilen der Milzpulpa, bei Rauschbrand vom Safte aus dem Gewebe der Rauschbrandgeschwülste, bei Wild- und Rinderseuche aus den veränderten Teilen der Muskulatur anzufertigen sind;

b) bei Milzbrand: eine dicke Schicht aus einer Ohr- oder Halsvene frisch entnommenen Blutes oder (bei notgeschlachteten Tieren) von Milzbrei, aufgetragen auf drei Stückchen neuen sauberen Filtrierpapiers (von etwa 10 qcm Grösse), bei Rauschbrand: ein Stückchen aus dem muskulösen Gewebe der Rauschbrandgeschwülste sowie je eine Probe Galle und Milz, bei Wild- und Rinderseuche: je ein Stückchen aus den veränderten Teilen der Muskulatur und aus der Milz. Diese Untersuchungsproben (a und b) sind zunächst in sauberes Filtrierpapier und sodann in Pergamentpapier einzuschlagen und mit Aufschriften zu versehen, die die Bezeichnung des Tieres, den Tag des Todes, den Namen des Besitzers (nebst Wohnort und Kreis) und den Namen des beamteten Tierarztes enthalten müssen. Die Präparate sind darauf in ein geeignetes Kästchen zu verpacken und der Untersuchungsstelle als Brief zu übersenden. Im übrigen sind die für die Versendung ansteckender Stoffe geltenden Vorschriften zu beachten.

2. Der beamtete Tierarzt hat ferner, und zwar, soweit tunlich, gleichzeitig mit den Untersuchungsproben, der Untersuchungsstelle die Niederschrift über den Zerlegungsbefund sowie ein besonderes Gutachten mit Begründung (vgl. § 34 Abs. 2 der Anlage B zur V. A. V. G.), gegebenenfalls auch das Gutachten des vom Besitzer etwa zugezogenen Tierarztes zu übersenden. In dem Gutachten des beamteten Tierarztes ist besonders zu erörtern, ob etwa Tatsachen und Vorgänge vorliegen, durch die ein vorzeitiges, das Ergebnis der bakteriologischen Untersuchung in Frage stellendes Zugrundegehen der Bazillen verursacht sein kann.

3. Die Nachprüfung in den Untersuchungsstellen hat zu erfolgen:

a) bei Milzbrand durch eine mikroskopische Untersuchung, durch Anlegung von Kulturen und durch Impfung von Mäusen. Die mikroskopische Untersuchung erstreckt sich auf die eingesandten Deckglasausstriche und auf mindestens ein aus dem Venenblut oder Milzbrei (1 b) angefertigtes Präparat. Die Färbung hat nach einer der Methoden zu geschehen, die zur Darstellung der Milzbrandkapseln geeignet sind. Bei dieser Untersuchung ist besonders auf das Vorhandensein von

Milzbrandbazillenresten (leeren Kapseln) zu achten. Zur Erkennung solcher Kapseln empfiehlt sich die Verwendung von Azurfarbstoffen aus Methylenblau. Zur Anlegung von Kulturen werden die eingesandten Proben (1 b) verwendet. Ein doppeltlinsengrosses Teilchen des trockenen Materials wird mit steriler Flüssigkeit erweicht und zur Herstellung von 3 Agar-Plattenkulturen in Petrischen Doppelschalen (0, 1, 2) benutzt. Die Plattenkulturen werden 24 Stunden bei Brutwärme gehalten und hierauf bei 40facher Vergrösserung auf Milzbrandkolonien untersucht. Werden hierbei Milzbrandbazillen nicht festgestellt, so sind neue Kulturen — nötigenfalls nach Erhitzung des zu verwendenden Materials — anzulegen und in derselben Weise zu untersuchen. Die Impfung wird subkutan ausgeführt. Zur Impfung sind zwei weisse oder graue Mäuse zu verwenden. Jede von ihnen erhält eine Platinöse des mit sterilem Wasser aufgeweichten Materials. Sterben Mäuse, so sind sie durch Ausstrich und Kultur auf Milzbrand zu untersuchen. Finden sich in den Eingeweiden keine Milzbrandbazillen, so ist die Impfstelle zu untersuchen. Ist fauliges Material zur Impfung verwendet worden, so empfiehlt es sich, schon etwa 12 Stunden nach der Impfung am lebenden Tiere eine Untersuchung der Impfstelle auf Milzbrandbazillen vorzunehmen;

b) bei Rauschbrand durch mikroskopische Untersuchung und durch Impfung von Meerschweinchen. Die mikroskopische Untersuchung erstreckt sich bei Rauschbrand auf die eingesandten Deckglasausstriche und auf mindestens je ein Präparat aus den übermittelten Proben (1 b). Die Präparate sind mit Gentianaviolett oder Fuchsin oder anderen geeigneten Farbstoffen zu färben. Zur Impfung wird ein Stückchen aus der Muskelprobe in sterilem Wasser erweicht und unter die Haut an der Innenfläche eines Hinterschenkels eines Meerschweinchens gebracht. Stirbt das Impftier, so ist es auf das Vorhandensein von Rauschbrandkeimen zu untersuchen;

c) bei Wild- und Rinderseuche durch mikroskopische Prüfung und durch Impfung von Kaninchen. Die mikroskopische Prüfung erstreckt sich auf die eingesandten Deckglasausstriche und auf mindestens ein Präparat, das aus dem eingesandten Stückchen der Muskulatur oder der Milz gefertigt wird. Die Impfung ist in folgender Weise auszuführen: Mit der Spitze eines ausgeglühten Bistouris ist die Haut des Impftieres an der

Innenfläche des Ohres an einer Stelle taschenförmig von der Unterlage abzuheben, und in die Tasche ist mit der Spitze des Bistouris etwas Muskelmasse oder Milzbrei einzuführen. Die Hautwunde ist hierauf durch Kollodium zu schliessen. Stirbt das Kaninchen, so ist es auf das Vorhandensein von Wild- und Rinderseuche zu untersuchen. Bei den an der Seuche eingegangenen Kaninchen finden sich in der Regel Blutungen in der Schleimhaut der Luftröhre und sehr zahlreiche Bakterien im Herzblut. Falls die mikroskopische Untersuchung zu einem sicheren Ergebnisse führt, kann von der Ausführung weiterer Untersuchungen (Kultur, Impfung) abgesehen werden.

4. Wird durch die Untersuchung das Vorhandensein von Erregern des Milzbrandes, Rauschbrandes oder der Wild- und Rinderseuche ermittelt, so ist die Seuche als festgestellt anzusehen. Andernfalls ist unter Berücksichtigung der eingesandten Gutachten (Nr. 2) zu prüfen, ob der Untergang der Erreger durch Fäulnis veranlasst sein kann. Auf Grund dieser Prüfung ist zu entscheiden, ob ein Fall von Milzbrand oder Rauschbrand oder Wild- und Rinderseuche als festgestellt zu erachten ist.

5. Von dem Ergebnisse der Nachprüfung ist dem beamteten Tierarzt und dem Landeshauptmann (Landesdirektor), letzterem unter Uebersendung sämtlicher Vorgänge, Mitteilung zu machen.

6. Die Präparate, auf die die Entscheidung gestützt wurde, sind ein Jahr lang aufzubewahren. Die Aufbewahrung kann unterbleiben, wenn sich der beamtete Tierarzt und gegebenenfalls in Uebereinstimmung mit ihm der vom Besitzer zugezogene Tierarzt für das Vorhandensein von Milzbrand, Rauschbrand oder Wild- und Rinderseuche ausgesprochen haben und durch die Nachprüfung das Gutachten des beamteten Tierarztes bestätigt worden ist.

7. Die Untersuchungsstelle hat über die Untersuchungen nach dem abgedruckten Muster Buch zu führen, und zwar nötigenfalls für jede der drei Seuchen gesondert. Dem Provinzial- und den sonstigen Kommunalverbänden bleibt vorbehalten, weitergehende Vorschriften über die Buchführung zu treffen.

8. Vorschriften über die Ausführung der Präzipitationsmethode bei Milzbrand bleiben vorbehalten.

# 3. Viehseuchenpolizeiliche Anordnung des Ministers für Landwirtschaft, Domänen und Forsten (V. A. V. G.).

Vom 1. Mai 1912.

(Auszugsweise.)

Vorbemerkung: Im Sinne des V. G. und der B. A. V. G. sind als Landesregierung und oberste Landesbehörde der Minister, als höhere Polizeibehörde der Regierungspräsident, im Landespolizeibezirk Berlin der Polizeipräsident von Berlin, als Polizeibehörde die Ortspolizeibehörde anzusehen.

## I. Vorschriften zum Schutze gegen die ständige Seuchengefahr.

1. Beaufsichtigung der Viehmärkte (§ 16 V. G.).

**Zu § 6 (1).** Zusatz zum 2. Satz hinter „benutzt werden": „Und für grössere gewerbliche Schweinemästereien. Die hiernach der Beaufsichtigung unterliegenden Gastställe und Schweinemästereien werden von dem Regierungspräsidenten bestimmt."

**Zu § 6 (2).** Befreiung und Anordnung bestimmt der Regierungspräsident.

Im 2. Satz eingeschoben hinter „beschickt werden": „Sofern dies nach dem Seuchenstand in diesem Gebiet unbedenklich erscheint."

**Zu § 6 (3).** Der Regierungspräsident.

**Zu § 7 (1).** Die Besitzer oder Unternehmer der Betriebe, Unternehmungen und Veranstaltungen, die nach § 6 (1) der Beaufsichtigung unterliegen, haben von der Eröffnung oder Einstellung ihrer Betriebe, unbeschadet der ihnen nach den Vorschriften der Gewerbeordnung etwa obliegenden Anzeigepflicht, der Ortspolizeibehörde Anzeige zu erstatten. Die Anzeige von der Eröffnung hat spätestens 2 Wochen vorher, von der Einstellung spätestens gleichzeitig mit dieser zu erfolgen.

**Zu § 7 (2).** Der Regierungspräsident kann die gleiche Anzeigepflicht auch für die nach § 6 (3) der Beaufsichtigung unterstellten Betriebe, Unternehmungen und Veranstaltungen vorschreiben. Er kann ferner anordnen, dass über das Vorhandensein, den Ab- und Zugang oder über Ortsveränderung von Tieren, die der Beaufsichtigung unterstellt sind oder sich in den zu beaufsichtigenden Betrieben, Unternehmungen und Veranstaltungen befinden, bei einer von ihm zu bezeichnenden Stelle Anzeige erstattet wird. Soweit es zur Ermittlung der der Beaufsichtigung unterliegenden Betriebe, Unternehmungen und Veranstaltungen noch notwendig erscheint, kann er eine Anzeige auch über das Vorhandensein der Betriebe, Unternehmungen und Veranstaltungen anordnen.

**Zu § 7 (3).** Die Ortspolizeibehörden im Landkreise haben die ihnen erstatteten Anzeigen an den Landrat weiter zu geben.

### 2. Viehuntersuchung beim Eisenbahn- und Schiffsverkehr (§ 17, 1 V. G.).

**Zu § 8 (2).** Sie sind befreit.

**Zu § 9.** Der Regierungspräsident mit Genehmigung des Ministers.

**Zu § 10.** Im Falle des § 8 hat der Besitzer oder Begleiter des Geflügels von dem Zeitpunkte des Entladens spätestens 12 Stunden vorher dem für den Entladeort zuständigen beamteten Tierarzt Anzeige zu erstatten. Bei Anordnung auf Grund des § 9 hat der Regierungspräsident über die Anzeigepflicht Bestimmungen zu treffen. Er kann in beiden Fällen vorschreiben, dass die Anzeige an einer anderen Stelle zu erstatten ist.

### 3. Verbot oder Beschränkung des Treibens von Vieh (§ 17, 2 V. G.).

**Zu § 11 (1).** Der Regierungspräsident kann es für kürzere Strecken gestatten.

**Zu § 11 (2).** Der Regierungspräsident mit Genehmigung des Ministers.

**Zu § 13 (1).** Der Genehmigung der Ortspolizeibehörde, in deren Bezirke das Treiben beginnt.

**Zu § 13 (2).** Zusatz hinter bescheinigt ist: „Das nicht älter als 3 Wochen ist. Die Genehmigung erlischt mit der Beendigung des Treibens."

. **Zu § 13 (3).** Der Führer hat über Triebweg, Beginn und Ende des Treibens, sowie über Bestand, über Zu- und Abgang der Herde nach vorgeschriebenem Muster Buch zu führen; er hat dieses Buch, in das die ortspolizeiliche Genehmigung und das amtstierärztliche Zeugnis einzutragen sind, stets bei sich zu führen und auf Verlangen usw.

**Zu § 13 (4).** Der Regierungspräsident.

**Zu § 14.** Vom Regierungspräsidenten mit Genehmigung des Ministers. Der Regierungspräsident kann ferner anordnen usw.

**Zu § 15.** Das Treiben der Wanderherden kann vom Regierungspräsidenten auf bestimmte Wege oder Triebflächen, sowie auf bestimmte Tageszeiten beschränkt werden.

## 4. Ursprungs- und Gesundheitszeugnisse für Vieh (§ 17, 3 V. G.).

**Zu § 16.** Der Regierungspräsident kann für das auf öffentliche Tierschauen gebrachte Vieh, mit Genehmigung des Ministers auch für das im Besitze von Viehhändlern befindliche und für das auf Märkte gebrachte Vieh, die Beibringung von Ursprungs- und Gesundheitszeugnissen, und zwar vorbehaltlich der Vorschrift des § 18 nach vorgeschriebenen Mustern anordnen.

**Zu § 17 (1).** 1. Satz: die Ursprungszeugnisse sind von den Gemeinde-(Guts-)Vorstehern auszustellen.

**Zu § 17 (2).** 1. Satz: „Amtstierärztlich“.

**Zu § 17 (3).** Neuer Zusatz: Der Regierungspräsident kann mit Genehmigung des Ministers eine Abkürzung der Frist für die Gültigkeitsdauer der Ursprungs- und der Gesundheitszeugnisse anordnen. Die Gültigkeitsdauer ist in den Zeugnissen anzugeben.

**Zu § 19.** Hinter „sind“ ist eingeschoben: Unbeschadet der von den einzelnen Bundesstaaten über die Gültigkeitsdauer erlassenen Sondervorschriften.

## 5. Viehkontrollbücher und Kennzeichnung von Vieh (§ 17, 4 V. G.).

**Zu § 21 (2).** Ist in Preussen zugelassen.

**Zu § 24.** Der Regierungspräsident mit Genehmigung des Ministers.

## 6. Molkereien (§ 17, 5 V. G.).

**Zu § 27 (2).** Für die Beschaffung der in Ansatz 1 vorgeschriebenen Erhitzungseinrichtungen in bestehenden Sammelmolkereien kann von dem Regierungspräsidenten eine Frist bis zu 1 Jahre, die in besonderen Fällen bis zu 2 Jahren verlängert werden kann, nach Inkrafttreten des Gesetzes gewährt werden.

**Zu § 28 (2).** Satz 1: Vom Regierungspräsidenten. Im 2. Satz: Der Regierungspräsident mit Genehmigung des Ministers.

**Zu § 28 (3 e).** Hinter „Minute“ Zusatz: Ausnahmsweise kann von dem Regierungspräsidenten auch die Erhitzung auf 70 ° für die Dauer einer halben Stunde zugelassen werden, wenn nach Lage der Verhältnisse eine sorgfältige Durchführung dieses Erhitzungsverfahrens gewährleistet erscheint.

**Zu § 30 (1).** Dem Landrat, in Stadtkreisen der Ortspolizeibehörde.

**Zu § 30 (2).** Beaufsichtigung durch die beamteten Tierärzte.

**Zu § 30 (3).** Zusatz: Auch ist die Beachtung der Vorschriften der §§ 25, 27, 29 zu prüfen.

Neuer Abs. 4: Es bleibt vorbehalten, weitere Bestimmungen über die Beaufsichtigungen zu treffen.

### 7. Verkehr und Handel mit Vieh im Umherziehen (§ 17, 6 V. G.).

**Zu § 31.** Vom Regierungspräsidenten.

**Zu § 32.** 1. Satz: Vom Regierungspräsidenten oder mit dessen Genehmigung. Zusatz: Der Regierungspräsident kann ferner mit Genehmigung des Ministers anordnen, dass beim Aufsuchen von Bestellungen Vieh nicht mitgeführt werden darf, sowie dass das bei dem Handeln mitgeführte Vieh einer regelmässigen amtstierärztlichen Untersuchung unterliegt.

### 8. Zugtiere im Bergwerks-, Schiffahrts- und Hausierbetriebe (§ 17, 7 V. G.).

**Zu § 33.** Vom Regierungspräsidenten.

**Zu § 33 (2).** Untersuchungsbuch nach vorgeschriebenem Muster.

### 9. Hundehalsbänder (§ 17, 8 V. G.).

**Zu § 34.** Frei umherlaufende Hunde müssen mit Halsbändern versehen sein, die Namen und Wohnort, in grösseren Orten nach näherer Anordnung des Regierungspräsidenten auch die Wohnung des Besitzers ersehen lassen, oder an denen eine Steuermarke mit Angabe des Versteuerungsorts und der Nummer des Hundes in der Steuerliste befestigt ist.

### 10. Deckregister (§ 17, 9 V. G.).

**Zu § 35 (1).** Deckregister nach vorgeschriebenem Muster. Soweit schon jetzt Deckregister geführt werden, die inhaltlich den Vorschriften des Musters genügen, können sie bis zum Verbrauche der vorhandenen Vordrucke weiter verwendet werden. Erweiterungen des Musters sind zulässig.

11. Viehladestellen (§ 17, 10 V. G.).

**Zu § 35 (2).** In Preussen nicht anders bestimmt.

**Zu § 36.** Anzeige bei der Ortspolizeibehörde vorgeschrieben.

**Zu § 37 (2).** Der Regierungspräsident für von ihm zu bezeichnende Viehladestellen.

**Zu § 37 (3).** Hat der Regierungspräsident zu gewähren.

Neuer Absatz 4: Soweit es sich bei den nach Abs. 2, 3 zu treffenden Anordnungen um Eisenbahnviehladestellen handelt, sind die Anordnungen im Einvernehmen mit der Eisenbahnverwaltung zu treffen.

12. Reinigung und Desinfektion beim Viehtransport (§ 17, 11, § 81 V. G.).

**Zu § 38 (2).** Der Regierungspräsident mit Genehmigung des Ministers.

**Zu § 39.** Durch den Regierungspräsidenten mit Genehmigung des Ministers.

13. Einrichtung und Betrieb von Viehausstellungen, Viehmärkten usw. (§ 17, 12).

**Zu § 41 (2).** Diese Einrichtungen müssen für die grösseren Viehmärkte, die vom Regierungspräsidenten zu bezeichnen sind, getroffen werden.

**Zu § 42.** Der Schlusssatz der B. A. V. G. fehlt.

**Zu § 44 (1):** die zweckentsprechende Pflasterung. Anordnung durch den Regierungspräsidenten.

**Zu § 44 (2).** Für die Neuanlage von Betrieben der in Abs. 1 bezeichneten Art sind die dort genannten Einrichtungen regelmässig vorzuschreiben. Ausnahmen sind nur für kleinere Betriebe zulässig, wenn veterinärpolizeiliche Bedenken nicht vorliegen. Inwieweit die Einrichtung für bestehende Betriebe vorzuschreiben sind, bestimmt der Regierungspräsident, und zwar für öffentliche Schlachthäuser mit Genehmigung des Ministers.

**Zu § 45 (1).** Der Regierungspräsident. Längstens 2 Jahre.

**Zu § 45 (2).** Nach Bestimmung des Regierungspräsidenten.

**Zu § 46 (1).** Gelten neben § 44 folg. Bestimmungen.

**Zu § 46 (1 c).** Der Regierungspräsident kann usw. Zusatz: Welche Nutz- und Schlachtviehhöfe als solche mit stärkerem Viehverkehr oder als grössere im Sinne der Vorschriften unter b oder c anzusehen sind, bestimmt der Regierungspräsident.

**Zu § 46 (2).** Von dem Regierungspräsidenten auf bereits bestehende Nutz- oder Schlachtviehhöfe und mit Genehmigung des Ministers auf bestehende öffentliche Schlachthäuser ausgedehnt werden, soweit es nach Lage der örtlichen Verhältnisse angängig und veterinärpolizeilich geboten erscheint. Gegebenenfalls ist für die Herstellung der Einrichtungen eine angemessene Frist zu gewähren.

**Zu § 47.** Hinter „untersucht werden“: Nötigenfalls kann auch die Untersuchung vor oder bei dem Abtrieb angeordnet werden.

**Zu § 48.** 1. Satz: Der Regierungspräsident mit Genehmigung des Ministers. 2. Satz: mit Genehmigung des Regierungspräsidenten.

**Zu § 49.** Zusatz: und dass von dieser Behörde ein Abtriebregister geführt wird, aus dem Zahl und Art der abgetriebenen Tiere, Name und Wohnort des Besitzers, Bestimmungsort, Name und Wohnort des Empfängers hervorgehen müssen.

**Zu § 50.** Dem Regierungspräsidenten mit Genehmigung des Ministers.

## 14. Einrichtung und Betrieb von Gast- und Händlerställen (§ 17, 13 V. G.).

**Zu § 54 (2).** Der Regierungspräsident.

**Zu § 55.** Neuer Abs. 2: Die Händlerstallungen, auf die diese Vorschrift Anwendung findet, sind vom Regierungspräsidenten zu bezeichnen.

**Zu § 56 (2).** Von dem Landrat, im Stadtkreise von der Ortspolizeibehörde.

Neuer Abs. 3: Der Regierungspräsident kann anordnen, dass die Inhaber grösserer Gastställe über das bei ihnen eingestellte Vieh ein Buch führen, aus dem die Zahl und Art der eingestellten Tiere, der Name und Wohnort des Besitzers, der Herkunftsort und der Bestimmungsort, sowie der Tag der Einstellung und der Tag der Entfernung der Tiere ersichtlich sind.

## 15. Abdeckereien (§ 17, 14 V. G.).

**Zu § 60.** Neuer Abs. 2: Grössere Abdeckereien müssen mit Fernsprechanschluss versehen sein. Der Regierungspräsident bestimmt, auf welche Betriebe diese Vorschrift Anwendung findet.

**Zu § 61.** Der Regierungspräsident kann Frist bis zu 1 Jahr, in besonderen Ausnahmefällen bis zu 2 Jahren gewähren.

**Zu § 62.** Der Regierungspräsident.

**Zu § 63 (e).** Einen heizbaren Raum für die Vornahme von Zerlegungen und von mikroskopischen Untersuchungen.

**Zu § 64.** Der Regierungspräsident.

Zusatz: Von der Vorschrift des § 63 unter e ist bei kleineren Abdeckereien regelmässig abzusehen.

**Zu § 65.** Der Regierungspräsident.

**Zu § 69 (2).** Von dem Regierungspräsidenten.

**Zu § 70.** Der Regierungspräsident.

**Zu § 71.** Einzuschalten: „Oder eines seuchenverdächtigen."

**Zu § 72 (1).** Nach näherer Bestimmung der Ortspolizeibehörde.

**Zu § 72 (2).** Sind vorbehalten.

**Zu § 73 (1).** Mit Genehmigung der Ortspolizeibehörde.

**Zu § 75 (1).** Die Abdeckereien usw. unterliegen der amtstierärztlichen Beaufsichtigung [vgl. auch § 6 (1)]. Hierbei ist insbesondere zu prüfen, ob die vorgeschriebenen Einrichtungen sämtlich vorhanden sind und ob der Betrieb den Bestimmungen der §§ 65 bis 73 entsprechend geregelt ist. Es bleibt vorbehalten, nähere Vorschriften über die Beaufsichtigung zu treffen.

**Zu § 75 (2).** Von der Neueinrichtung oder Einstellung der in Abs. 1 genannten Betriebe ist, unbeschadet der Vorschriften der Gewerbeordnung über die Anzeigepflicht, der Ortspolizeibehörde Anzeige zu erstatten, und zwar von der Eröffnung spätestens 2 Wochen vorher, von der Einstellung spätestens gleichzeitig mit dieser. Der Regierungspräsident kann eine Anzeige auch über das Vorhandensein der bestehenden Betriebe vorschreiben.

**Zu § 76 (1).** Kontrollbücher nach vorgeschriebenem Muster.

Zusatz: (Abs. 2.) Insoweit in den Abdeckereien und sonstigen Anlagen eine Buchführung besteht, die inhaltlich den Vorschriften des Musters genügt, kann es bei dieser Buchführung sein Bewenden behalten.

(Abs. 3.) Der Regierungspräsident ist befugt, weitergehende Vorschriften über die Buchführung zu erlassen.

## 16. Verkehr mit Viehseuchenerregern (§ 17,16 V. G.).

**Zu § 77 (a).** Zusatz: Landeszentralbehörde im Sinne des § 1 Abs. 1 ist in diesen Fällen der Minister für Landwirtschaft pp., zuständige Behörde im Sinne des § 1 Abs. 3 der Regierungspräsident.

**Zu § 77 (b).** Zusatz: Zuständige Polizeibehörde im Sinne dieser Vorschriften ist die Ortspolizeibehörde. Vor Erteilung der Genehmigung nach Massgabe der §§ 2—4 hat diese Behörde die Zustimmung des Regierungspräsidenten einzuholen.

### 17. Herstellung und Verwendung von Impfstoffen (§ 17, 17 V. G.).

**Zu § 78.** Die Erlaubnis ist für Anstalten und Körperschaften des öffentlichen Rechtes vom Minister, im übrigen vom Regierungspräsidenten zu erteilen.

**Zu § 80 (2).** Der Regierungspräsident hat die erteilte Erlaubnis zurückzunehmen usw. Von der Zurücknahme ist dem Minister Anzeige zu erstatten.

**Zu § 81.** Die erlaubniserteilende Behörde kann Frist bis zu 6 Monaten gewähren.

**Zu § 82.** Nähere Bestimmung bleibt vorbehalten. Im letzten Satz: von dem Regierungspräsidenten.

**Zu § 83.** Bleibt vorbehalten usw.

**Zu § 85.** Es bleibt vorbehalten usw.

**Zu § 87.** Die Prüfung bleibt vorbehalten.

**Zu § 88.** Der Regierungspräsident.

### 18. Viehkastrierer (§ 17, 18 V. G.).

**Zu § 91.** Ausdehnung bleibt vorbehalten.

**Zu § 93.** Nach vorgeschriebenem Muster.

## II. Vorschriften zur Bekämpfung der einzelnen Seuchen (§§ 18—61, 78 V. G.).

### 1. Milzbrand, Rauschbrand, Wild- und Rinderseuche (§§ 32—35 V. G.).

#### A. Milzbrand.

**Zu § 101 (3).** Hinter Erlaubnis: „die anders als in besonderen Notfällen nicht erteilt werden darf“ usw.

**Zu § 102 (1).** Vor Erteilung der Erlaubnis zur Ausführung oder Schlachtung ist der beamtete Tierarzt zu hören.

Zusatz (neuer Abs. 2): Die in Abs. 1 vorgeschriebene Anordnung ist stets zu treffen, wenn in einem Bestand ein nach der Schlachtung als milzbrandkrank ermitteltes Tier unter Umständen geschlachtet oder zerlegt worden ist, die eine Gefahr der Weiterverbreitung der Seuche in sich schliessen.

Abs. 2 B. A. V. G. wird Abs. 3.

**Zu § 104 (1).** Es bleibt vorbehalten, darüber Bestimmung zu treffen, in welchen Fällen die Impfung milzbrandkranker oder für Milzbrand empfänglicher Tiere polizeilich angeordnet werden kann. Die polizeilich angeordneten Impfungen sind vom beamteten Tierarzt auszuführen.

**Zu § 104 (3).** Zusatz: Vor Erteilung der Gehmigung ist der beamtete Tierarzt zu hören. Im Falle der Schlachtung darf die Fleischbeschau nur durch den tierärztlichen Beschauer vorgenommen werden.

### B. Rauschbrand.

**Zu § 108.** Ein vom Minister zugelassenes Verfahren.

### 2. Tollwut (§§ 36—41 V. G.).

**Zu § 112 (1).** Zusatz: Von der Einsperrung ist im Landkreise dem Landrat sofort Anzeige zu erstatten. Dieser hat zu prüfen, ob die Einsperrung unbedenklich ist, oder ob die Tötung des Hundes geboten erscheint.

**Zu § 115 (4).** Hinter „übergelaufen ist“: „oder ist der Verbleib eines solchen Hundes unbekannt.“

**Zu § 115 (5).** Der Regierungspräsident.

### 3. Rotz (§§ 42—46 V. G.).

**Zu § 132.** Der Landrat, in Stadtkreisen die Ortspolizeibehörde usw.

Sowie den Vorstand desjenigen Landgestüts usw.

**Zu § 138 (1 a).** Wenn von dem beamteten Tierarzte der Ausbruch des Rotzes auf Grund der vorliegenden Anzeigen für warscheinlich erklärt wird;

(b und c gleich B. A. V. G.)

(Neuer Abs. 2.) Ist das Vorliegen des Rotzes bei den der Seuche verdächtigen Pferden nicht schon auf Grund der klinischen Anzeichen wahrscheinlich und liegt keiner der Fälle zu b und c vor, so ist eine Untersuchung des Blutes der seucheverdächtigen Pferde auf Agglutination und Komplementablenkung vorzunehmen. Wegen der Vornahme der Prüfung und des dabei zu beobachtenden Verfahrens gelten die Vorschriften des Anhanges zu diesem Abschnitt.

(Neuer Abs. 3.) Die Anordnung der Tötung erfolgt im Falle zu a durch die Ortspolizeibehörde, in den Fällen zu b und c durch den Regierungspräsidenten.

**Zu § 144 (2).** Ferner ist sofort bei diesen Pferden eine Blutuntersuchung auf Agglutination und Komplementablenkung vorzunehmen. Für das Verfahren und die Beurteilung der Ergebnisse gelten die Vorschriften des im § 138 Abs. 2 erwähnten Anhanges.

(Abs. 3.) Die Dauer der polizeilichen Beobachtung ist auf mindestens 6 Monate festzusetzen. Jedoch ist die polizeiliche Beobachtung vor Ablauf der Frist aufzuheben, wenn sämtliche Tiere des Bestandes nach den klinischen Anzeichen und nach dem Ergebnisse der Blutuntersuchung auf Agglutination und Komplementablenkung unverdächtig erscheinen und die Blutuntersuchung als abgeschlossen anzusehen ist (vgl. den Anhang unter Nr. 6).

**Zu § 146 (4).** 1. Satz: Vom Regierungspräsidenten. Letzter Satz: hinter „behandeln": „und der Blutuntersuchung (§ 144 Abs. 2) zu unterwerfen".

**Zu § 146 (5).** Hinter Ergebnis: „der Blutuntersuchung auf Agglutination und Komplementablenkung abhängig gemacht werden". Die Erleichterung des Abs. 4, ist usw.

**Zu § 150.** Der Regierungspräsident mit Genehmigung des Ministers.

4. Maul- und Klauenseuche (§§ 47—49 V. G.).

**Zu § 155 (2).** Hinter „Ortspolizeibehörden": In ausserpreussischen Bundesstaaten die zuständigen örtlichen Polizeiverwaltungen usw.

**Zu § 155 (3).** Des Regierungspräsidenten.

**Zu § 156.** Hinter „anzuordnen": „Sowie ferner die in § 154 (2) Satz 1 und § 162 (1) unter a bis k, (2) bis 4 angegebenen Massgaben zu treffen".

**Zu § 158 (2).** Den örtlichen Polizeiverwaltungen.

**Zu § 159.** Der Regierungspräsident. Zusatz: Ist anzunehmen, dass für die zu tötenden Tiere nach Abzug der nach § 68 (2) des Gesetzes anzurechnenden Beträge eine Entschädigung von mehr als 1000 Mark zu zahlen ist, so ist vor der Anordnung die Genehmigung des Ministers, in der Regel telegraphisch, einzuholen.

**Zu § 160.** 2. Satz: „Für die ansteckungsverdächtigen Tiere von dem Regierungspräsidenten oder mit dessen Ermächtigung vom Landrate".

**Zu § 161 (1).** Hinter „einzubeziehen" Zusatz: „Bei grossen Orten kann der Sperrbezirk auf Ortsteile, bei vereinzelt liegenden verseuchten Gehöften auf diese beschränkt werden, wenn nach Lage der Sache und den wirtschaftlichen und Verkehrsverhältnissen der Seuchenverschleppung dadurch genügend vorgebeugt werden kann.

**Zu § 161 (3).** Zusatz: Zu diesem Zwecke ist nach Möglichkeit in jede verseuchte ländliche Ortschaft ein Gendarm zu legen, der für die Beachtung der Sperrmassregeln Sorge zu tragen hat.

**Zu § 162 (1 a).** Anstatt der letzten 3 Sätze: In besonderen Ausnahmefällen kann beim Vorliegen eines zwingenden wirtschaftlichen Bedürfnisses die Entfernung der abgesperrten Tiere aus dem Stalle (Standort) zum Zwecke der sofortigen Schlachtung gestattet werden. Ueber die Erteilung der Genehmigung entscheidet, wenn die Schlachtung im Seuchenort erfolgen soll, der Landrat, im Stadtkreise die Ortspolizeibehörde, anderenfalls der Regierungspräsident. Im übrigen finden auf die Schlachtung die Vorschriften des § 160 Anwendung, jedoch kann von der amtstierärztlichen Leitung der Schlachtung (§ 160, 1) Abstand genommen werden. Die Bestimmungen des § 160 Abs. 3—5 sind auch dann zu beachten, wenn von dem Besitzer Vieh im Stalle (Standort geschlachtet worden ist (Notschlachtung).

**Zu § 162 (1 e).** Von dem Regierungspräsidenten.

**Zu § 162 (1 g).** Mit Erlaubnis des Landrats, in Stadtkreisen der Ortspolizeibehörde.

Neuer Absatz i: Wolle darf nur in festen Säcken verpackt aus dem Gehöft ausgeführt werden.

Neuer Absatz k: Von gefallenen seuchenkranken oder der Seuche verdächtigen Tieren sind die veränderten Teile einschliesslich der Unterfüsse samt Haut bis zum Fesselgelenk, des Schlundes, Magens und Darmkanals samt Inhalt, sowie des Kopfes und der Zunge unschädlich zu beseitigen, Häute und Hörner sind nach § 160 (4) zu behandeln.

Erleichterungen von diesen Vorschriften sind nur aus zwingenden wirtschaftlichen Gründen und nur mit Genehmigung des Ministers zulässig.

**Zu § 162 (6).** Der Landrat, in Stadtkreisen die Ortspolizeibehörde.

**Zu § 163 (1).** Nach dem 1. Satze: Jedoch darf das abgesonderte Klauenvieh zur sofortigen Schlachtung entfernt werden, sofern unmittelbar vor der Ausführung der Tiere zur Schlachtstätte durch amtstierärztliche Untersuchung festgestellt wird, dass der gesamte Klauenviehbestand des Gehöftes noch seuchenfrei ist. Ueber die Erteilung der Genehmigung entscheidet, wenn die Schlachtung im Seuchenort erfolgen soll, der Landrat, in Stadtkreisen die Ortspolizeibehörde, andernfalls der Regierungspräsident. Auf die Schlachtung finden die Vorschriften des § 160 mit der Massgabe Anwendung, dass von der amtstierärztlichen Leitung und von den in § 160 Abs. 4 und 5 vorgeschriebenen Desinfektionsmassnahmen abgesehen werden darf. Sollen die Tiere mit der Eisenbahn befördert werden, so ist von der Erteilung der Ausfuhrgenehmigung die Eisenbahnstation, auf der die Verladung erfolgen soll, unverzüglich in Kenntnis zu setzen. Die für die Beförderung benutzten Eisenbahnwagen sind durch gelbe Zettel mit der Aufschrift „Sperrvieh“ zu kennzeichnen. Ein gleicher Vermerk ist auf dem für die Versendung benutzten Frachtbrief anzubringen. Dem Frachtbrief ist ferner die Erlaubnis des Regierungspräsidenten beizuheften. Klauenvieh, das in den so gekennzeichneten Eisenbahnwagen befördert wird, darf nur nach der auf dem Frachtbrief angegebenen Eisenbahnstation verbracht werden. Ein Entladen oder Umladen ist unterwegs nur insoweit zulässig, als es zur Erreichung des auf dem Frachtbrief bezeichneten Bestimmungsorts notwendig ist. Die Ortspolizeibehörde des Schlachtorts ist von dem bevorstehenden Eintreffen der Tiere rechtzeitig telegraphisch oder telephonisch zu benachrichtigen. Sie hat auf das Eintreffen zu achten und gegebenenfalls über den Verbleib weitere Ermittlungen anzustellen.

**Zu § 163 (2).** Mit Genehmigung des Ministers.

**Zu § 163 (4).** Zusatz: Ausnahmen sind mit Genehmigung des Ministers zulässig.

**Zu § 164d.** Hinter „gleichzustellen“: Die Einfuhr von Klauenvieh zur sofortigen Schlachtung kann von dem Landrat, in Stadtkreisen von der Ortspolizeibehörde, unter der Bedingung gestattet werden, dass die Einfuhr zu Wagen erfolgt. Die Einfuhr von Klauenvieh zu Nutz- oder Zuchtzwecken ist nur im Falle eines besonders dringenden wirtschaftlichen Bedürfnisses mit Genehmigung des Regierungspräsidenten zulässig. Im Seuchengehöfte darf die Einfuhr von Klauenvieh auch ausnahmsweise nicht stattfinden.

**Zu § 164e.** Vom Regierungspräsidenten. Im letzten Satze: „Der vom Verbote betroffenen“ usw.

**Zu § 166 (1).** Abgesehen von den Fällen der Abs. 2 und 3 darf Klauenvieh nicht entfernt werden. Zum letzten Satz: „Sowie der Auftrieb von Klauenvieh aus dem Beobachtungsgebiet auf Märkte verboten.“

**Zu § 166 (2).** Hinter „ist“: Wenn die frühestens am Tage vor dem Abgange der Tiere usw. von dem Landrat, in Stadtkreisen von der Ortspolizeibehörde usw.

Ferner Zusatz hinter „stattfinden kann“: „Zu diesem Zwecke ist von jeder Erteilung der Ausfuhrerlaubnis die Eisenbahnstation usw. wie im § 163 (2). Die Zettel sind mit der Aufschrift „Beobachtungsvieh“ zu kennzeichnen. Dem Frachtbrief ist die Ausfuhrerlaubnis der zuständigen Behörde beizuheften.

**Zu § 166** (3). Satz 1: Genehmigung des Regierungspräsidenten.

Am Bestimmungsorte sind die Tiere auf die Dauer von 2 Wochen usw.

**Zu § 167.** In Satz 1: Und das Treiben von Klauenvieh auf öffentlichen Strassen.

**Zu § 168 (2).** Von dem Regierungspräsidenten mit Genehmigung oder Ermächtigung des Ministers.

**Zu § 170.** In Fällen eines dringenden wirtschaftlichen Bedürfnisses kann der Regierungspräsident auch ohne Genehmigung des Ministers Erleichterungen zulassen.

**Zu § 171 (1).** 2. Satz eingeschoben: Für die Bezettelung der Eisenbahnwagen gelten die Vorschriften des § 166.

**Zu § 172 (2).** Zusatz: Für die Bezettelung der Eisenbahnwagen gelten die Vorschriften der §§ 163 u. 166.

**Zu § 173** (1). 2. Satz: Vom Regierungspräsidenten.

5. Lungenseuche des Rindviehs. **(§§ 50—51 V. G.)**

**Zu § 180.** Der Regierungspräsident.

**Zu § 181.** Dor Regierungspräsident.

**Zu § 183** (2). Der Regierungspräsident.

**Zu § 184 (1).** Satz 2: Vom Regierungspräsidenten. Zusatz: In diesem Falle ist vor der Ueberführung der Tiere das Einverständnis der Ortspolizeibehörde des Schlachtorts einzuholen. Bei dem Transport oder der Schlachtung ist nach den Vorschriften des § 160 (2) (5) zu verfahren.

**Zu § 187.** Vom Regierungspräsidenten.

**Zu § 190 (1).** Der Landrat, in Stadtkreisen die Ortspolizeibehörde.

**Zu § 194 (1).** Der Regierungspräsident. Und unter a: nur mit Genehmigung des Landrats, in Stadtkreisen der Ortspolizeibehörde.

**Zu § 194** (3). Vom Regierungspräsidenten.

**Zu § 198.** Auf Anordnung des Ministers.

6. Pockenseuche der Schafe. (§§ 52—56 V. G.)

**Zu § 208 (1).** Vom Landrat, in Stadtkreisen von der Ortspolizeibehörde.

**Zu § 217** (1). Vom Regierungspräsidenten.

**Zu § 223.** Der Regierungspräsident.

**Zu § 228.** Der Abs. 2 B. A. V. G. fällt fort. Die folgenden Abs. erhalten die Nr. 2 und 3.

### 7. Beschälseuche der Pferde, Bläschenausschlag der Pferde und des Rindviehs. (§§ 57—58 V. G.).

**Zu § 234** (2). Es bleibt vorbehalten.

**Zu § 236** (1). Der Regierungspräsident. Zu b des Landrats, in Stadtkreisen der Ortspolizeibehörde.

### 8. Räude der Einhufer und der Schafe (§ 59 V. G.).

**Zu § 246.** Neuer Abs. 3: Wird in einer Schafherde Räudeverdacht festgestellt, so ist die Herde in Zwischenräumen von etwa 3 Wochen amtstierärztlich zu untersuchen. Der Verdacht gilt als beseitigt, wenn in der Herde nicht innerhalb 8 Wochen nach Feststellung des Verdachts der Ausbruch der Räude festgestellt wird.

**Zu § 247.** Neuer Abs. 3: Im übrigen sind verdächtig erscheinende Schafbestände nach Anordnung des Landrats, in Stadtkreisen der Ortspolizeibehörde, durch den beamteten Tierarzt unvermutet zu besichtigen.

**Zu § 249** (2). Zusatz: Als Heilverfahren ist in der Regel das Badeverfahren anzuordnen. Wenn dieses Verfahren wegen ungünstiger Witterungsverhältnisse oder wegen anderer besonderer Umstände nicht ausführbar erscheint, kann ausnahmsweise statt des Badeverfahrens die Schmierkur vorgeschrieben werden. Jedoch ist zu dem Badeverfahren überzugehen, sobald es nach Lage der Sache ausführbar erscheint.

### 9. Schweineseuche u. Schweinepest (nur § 10 V. G.).

**Zu § 259** (1). Zusatz: Der beamtete Tierarzt hat den Schweinebestand nach Zahl und Art (Ferkel, Läufer, Eber, Zuchteber und Mastschweine) aufzunehmen.

**Zu § 261.** Der Landrat, im Stadtkreise die Ortspolizeibehörde.

**Zu § 263** (2). Jeder Ausbruch der Schweinepest ist sofort auf ortsübliche Weise und in dem für amtliche Veröffentlichung bestimmten Blatte bekannt zu machen. In bisher unverseuchten Bezirken ist jeder erste Ausbruch von Schweinepest sofort den örtlichen Polizeiverwaltungen aller dem Seuchenorte benachbarten deutschen Gemeinden mitzuteilen.

**Zu § 267 (2a).** Zusatz: Bei der Beförderung schweinepestkranker oder dieser Seuche oder der Ansteckung verdächtiger Schweine auf der Eisenbahn sind die Eisenbahnwagen durch gelbe Zettel mit der Aufschrift: „Sperrvieh-Schweinepest" zu kennzeichnen. Ein gleicher Vermerk ist auf den Frachtbriefen anzubringen. Dem Frachtbrief ist ferner die Ausfuhrerlaubnis der Ortspolizeibehörde beizuheften. Schweine, die in so gekennzeichneten Eisenbahnwagen befördert werden, dürfen nur nach dem auf dem Frachtbrief angegebenen Bestimmungsorte gebracht werden. Ein Entladen oder Umladen ist unterwegs nur insoweit zulässig, als es zur Erreichung des auf dem Frachtbriefe bezeichneten Bestimmungsorts notwendig ist. Zusatz zu b: Erfolgt die Schlachtung in einem öffentlichen Schlachthause, so hat die Schlachthofsverwaltung der Ortspolizeibehörde des Schlachtorts eine Bescheinigung über die Schlachtung einzureichen.

**Zu § 267 (4).** Die Ortspolizeibehörde.

**Zu § 270 (4).** Zusatz: Im Falle der Schlachtung in einem öffentlichen Schlachthause hat die Schlachthofsverwaltung der Ortspolizeibehörde eine Bescheinigung über die Schlachtung einzureichen.

**Zu § 271 (1).** Vom Landrat, in Stadtkreisen von der Ortspolizeibehörde.

**Zu § 272.** Vom Landrat, in Stadtkreisen von der Ortspolizeibehörde.

**Zu § 276 (2).** Das Erlöschen der Schweinepest ist öffentlich bekannt zu geben.

10. Rotlauf der Schweine, einschl. des Nesselfiebers (Backsteinblattern) (§ 60 V. G.).

**Zu § 279.** Der Abs. 2 B. A. V. G. fällt fort.

**Zu § 285 (1).** Nach Bestimmung des Ministers, die nötigenfalls nachzusuchen ist, usw.

**Zu § 286 (2).** Mit Genehmigung des Ministers.

**Zu § 287 (2).** Wenn alle verdächtigen Tiere des Bestandes mit einem staatlich geprüften Schutzserum von einem Tierarzt geimpft sind.

**Zu § 288.** Ausnahmen bleiben vorbehalten.

11. Geflügelcholera u. Hühnerpest (nur § 10 V. G.).

**Zu § 296.** Hinter „dem Seuchenorte": „Erforderlichenfalls auch der Handel mit Geflügel innerhalb des bedrohten Gebiets, der ohne vorgängige Bestellung entweder ausserhalb des Gemeindebezirkes der gewerblichen

Niederlassung des Händlers oder ohne Begründung einer solchen stattfindet, vom Landrat, in Stadtkreisen von der Ortspolizeibehörde, verboten werden" usw. Der Abs. 2 B. A. V. G. fällt fort, der folgende Abs. wird daher Nr. 2.

## 12. Tuberkulose des Rindviehs (§ 61 V. G.).

**Zu § 300 (4).** Hinter dem ersten Satz folgt: „Liegt nach dem Ergebnisse der klinischen Untersuchung Tuberkuloseverdacht oder hohe Wahrscheinlichkeit der Tuberkulose vor, so ist eine bakteriologische Untersuchung von geeigneten Ausscheidungen der verdächtigen Tiere vorzunehmen. Die Entnahme der Proben hat gemäss der im Anhang A unter III Nr. 1 gegebenen Anweisung von dem beamteten Tierarzt zu erfolgen (vgl. jedoch Anhang B zu § 302 (1). Die bakteriologische Untersuchung findet für die Provinz Hannover und für den Reg.-Bezirk Cassel im Hygienischen Institut der Tierärztlichen Hochschule in Hannover, für die Provinzen Westpreussen und Posen in der Abteilung für Tierhygiene am Kaiser Wilhelms-Institut für Landwirtschaft in Bromberg, für den Stadtkreis Berlin in dem Hygienischen Institut der Tierärztlichen Hochschule in Berlin, für die übrigen Provinzen in den für diese eingerichteten Tierseucheninstituten der Landwirtschaftskammern, für den Reg.-Bezirk Wiesbaden und den Reg.-Bezirk Sigmaringen in dem Institut der Landwirtschaftskammer für die Rheinprovinz in Bonn statt. Die beamteten Tierärzte haben die Proben an diese Institute einzusenden. Für die Ausführung der Untersuchung ist die im Anhang A unter III Nr. 2 gegebene Anweisung massgebend. Das Ergebnis der Untersuchung ist dem beamteten Tierarzt mitzuteilen.

Neuer Abs. 5: Ist die Entnahme geeigneter Proben bei der ersten klinischen Untersuchung nicht möglich, so ist die Probeentnahme so bald als möglich nachzuholen [vgl. § 314 (2)].

Neuer Abs. 6: Wenn bei einem Rinde, bei dem das Vorhandensein der Tuberkulose nach den klinischen Anzeichen in hohem Grade wahrscheinlich ist, durch die bakteriologische Untersuchung Tuberkelbazillen nicht ermittelt werden, so ist diese Untersuchung binnen einer Frist von wenigstens 4 Wochen zu wiederholen; es sei denn, dass die klinischen Merkmale der hohen Wahrscheinlichkeit verschwunden sind.

**Zu § 301** (Zusatz): Vgl. jedoch Anhang B zu § 302 (1) unter II Nr. 1.

**Zu § 301 (3).** Eine Ermittelung der Seuche findet nicht statt.

**Zu § 302 (1).** Der Regierungspräsident (nach Min.-Erl. vom 2. Juni 1913 bis auf weiteres der Landrat) hat, soweit erforderlich, nach vorgängiger Ermittelung der zu leistenden Entschädigung, die Tötung von Rindvieh anzuordnen, bei dem das Vorhandensein der Tuberkulose festgestellt ist, wenn der Rindviehbestand des Besitzers einem staatlich anerkannten Tuberkulosetilgungsverfahren angeschlossen ist, das den im Anhange B zu diesem Abschnitt angegebenen Grundsätzen entspricht.

**Zu § 302 (2).** Unter den gleichen Voraussetzungen kann der Regierungspräsident (der Landrat wie bei 1) die Tötung von Rindvieh anordnen, bei dem das Vorhandensein der Tuberkulose in hohem Grade wahrscheinlich ist. Die Anordnung darf jedoch erst dann erfolgen, wenn nach der zweiten bakteriologischen Untersuchung [§ 300 (6)] die Merkmale der hohen Wahrscheinlichkeit der Tuberkulose fortbestehen.

**Zu § 302 (3).** Im übrigen kann der Regierungspräsiden (der Landrat) die Tötung sämtlicher Tiere anordnen, bei denen das Vorhandensein von Eutertuberkulose festgestellt oder in hohem Grade wahrscheinlich ist, letzterenfalls jedoch nur unter den Voraussetzungen des Abs. 2 Satz 2.

**Zu § 302 (4).** Von der Anordnung der Tötung ist in allen Fällen abzusehen, wenn es sich um Schlachtvieh (§ 1 Abs. 3) handelt.

**Zu § 303 (1).** Der Regierungspräsident.

Neuer Abs. 3: Wird die Tötung in einem anderen Ortspolizeibezirke vorgenommen, als in dem des bisherigen Standortes des Rindes, so ist die Ortspolizeibehörde des Schlachtortes von dem bevorstehenden Eintreffen des Tieres rechtzeitig zu benachrichtigen.

**Zu § 306 (1).** Hinter „im linken Ohre“: „Oder durch Anbringung eines Brandzeichens auf dem linken Oberschenkel zu geschehen (das Brandzeichen besteht aus den Buchstaben Tb, ersterer 7 cm, letzterer 5 cm hoch).

**Zu § 306 (2).** Die Ohrmarke muss so beschaffen sein, dass sie nur einmal gebraucht werden kann, und muss als Inschrift die Buchstaben Tb, den Anfangsbuchstaben des Kreises, in dem die Ermittelung erfolgt, und eine laufende Nummer enthalten.

Anhang zu Abschn. II Nr. 3 [§ 138 (2)]. Anweisung für die Blutentnahme usw. wörtl.

Anhang B zu Abschn. II Nr. 12 [§ 302 (1)]. Grundsätze für das Tuberkulose-Tilgungsverfahren wörtl.

---

## 4. Ausführungserlass des Ministeriums für Landwirtschaft, Domänen u. Forsten.

Vom 28. März 1912.

Am 1. Mai d. J. soll das Viehseuchengesetz vom 26. Juni 1909 (Reichsgesetzbl. S. 519) in Kraft treten. Für seine Ausführung sind folgende Teile zu unterscheiden:

1. Zu den die allgemeinen Bestimmungen enthaltenden §§ 1 bis 5 sind — abgesehen von dem § 2 Abs. 3 (vgl. nachstehend unter 2) — Ausführungsvorschriften im Gesetze nicht vorgesehen. Das gleiche gilt für die Bestimmungen über die Abwehr der Einschleppung von Seuchen aus dem Auslande (§§ 6 bis 8) sowie bei den Vorschriften über die Bekämpfung von Viehseuchen im Inlande für den Unterabschnitt über die Anzeigepflicht (§§ 9, 10) und für die von der Ermittelung der Seuchenausbrüche handelnden §§ 11 bis 15. Immerhin sind auch für die Anwendung der vorbezeichneten Bestimmungen einige Anleitungen erforderlich; sie sind nachstehend unter Abschnitt I gegeben.

2. Nach § 2 Abs. 3 V. G. sollen die näheren Vorschriften über das Verfahren, über die Form der Anordnungen, über die Zuständigkeit der Behörden und über die Kosten von den Einzelstaaten getroffen werden. Dasselbe gilt nach § 67 für die Bestimmungen darüber, von wem und wie die in den §§ 66 bis 73 V. G. behandelten Entschädigungen für Viehverluste aufzubringen und wie sie zu ermitteln und festzustellen sind. Diese dem Landesrechte vorbehaltene Regelung ist durch das Preussische Ausführungsgesetz vom 25. Juli 1911 (Gesetzsamml. S. 149) erfolgt. Die hierzu noch im Verwaltungswege nötigen Ausführungsanweisungen werden besonders ergehen.

3. Die Vorschriften über die Anwendung und Ausführung der nach den §§ 16 bis 30 und 78 V. G. zulässigen Massregeln sind nach § 79 unter Berücksichtigung der in den §§ 32 bis 65 gegebenen besonderen Bestimmungen von dem Bundesrate zu erlassen. Dies ist durch Beschluss des Bundesrats vom 7. Dezember 1911 (vgl. Bek. des Reichskanzlers vom 25. Dezember 1911, Reichs-Gesetzbl. 1912 S. 3) geschehen. Diese Ausführungsvorschriften des Bundesrats — B. A. V. G. — enthalten überwiegend, namentlich in dem die Schutzmassregeln gegen die einzelnen Seuchen behandelnden Teile, Anweisungen oder Ermächtigungen für die Landesregierun-

gen und deren Organe bei der Handhabung der gesetzlichen Vorschriften. Zum kleineren Teile — besonders in dem Abschnitt über die Massnahmen zum Schutze gegen die ständige Seuchengefahr — wenden sie sich mit Geboten und Verboten an das Publikum selbst. Unter diesen Geboten und Verboten befinden sich mehrere, die lediglich aus dem Gesetz übernommen und wiederholt sind. Insoweit schöpfen sie ihre verbindliche Kraft selbstverständlich ohne weiteres aus dem Gesetze. Für die sonstigen Zwangsbestimmungen, von denen es zweifelhaft sein könnte, ob sie durch die B. A. V. G. bereits für das Publikum verbindlich geworden sind, ist diese Frage in § 1 Abs. 2 verneint und bestimmt, dass ihnen entsprechende Anordnungen von den Landesregierungen zu treffen seien. Erst hierdurch wird also ihre verbindliche Kraft für das Publikum gesichert.

Somit ergab sich zunächst die Notwendigkeit, in Verfolg der B. A. V. G. die darin gegebenen Zwangsbestimmungen in der in § 3 Abs. 1 A. G. vorgeschriebenen Form als „Viehseuchenpolizeiliche Anordnung" zu erlassen. Praktische Erwägungen haben dazu geführt, sich hierauf nicht zu beschränken. Denn jene Zwangsbestimmungen sind, wenn sie auch hauptsächlich im Abschnitt über den Schutz gegen die ständige Seuchengefahr vorkommen, über die ganzen B. A. V. G. verstreut. Die dazwischen befindlichen Anweisungen und Ermächtigungen des Bundesrats an die Landesregierungen und deren Organe für die Handhabung der Schutzmassregeln bedürfen aber auch zum grossen Teil einer näheren Erläuterung, Abgrenzung und auf Grund des § 79 Abs. 2 V. G. auch vielfach einer Erweiterung durch die Landeszentralbehörde. Eine Trennung der verschiedenen hiernach für und durch die B. A. V. G. veranlassten Ausführungsbestimmungen der Landesregierung würde die Handhabung des Gesetzes für die Veterinärbehörden sehr erschweren. Deshalb ist der Weg gewählt worden, den gesamten Inhalt der B. A. V. G. und zwar unter Festhaltung seiner Paragraphenfolge, in eine preussische Ausführungsvorschrift zu übernehmen, die sich einerseits als eine an das Publikum gerichtete viehseuchenpolizeiliche Anordnung, anderseits als eine Ausführungsanweisung an die Behörden darstellt — V. A. V. G.

Sie ist infolgedessen dazu bestimmt und geeignet, die B. A. V. G. für die Veterinärpolizeibehörden vollständig zu ersetzen. Diese werden sich lediglich nach ihr zu richten haben und in allen Fällen, wo sie von ihr abweichen und insbesondere weitergehende Anordnungen innerhalb des Rahmens des Gesetzes treffen wollen, meine Genehmigung einzuholen haben (vgl. § 1 Abs. 3 V. A. V. G.).

Die V. A. V. G. wird hiermit in der zur Vollziehung und zur Veröffentlichung bestimmten Fassung zur Verteilung an die nachgeordneten Behörden (Landräte, Kreistierärzte usw.) und zum dortigen Gebrauch in einer entsprechenden Zahl von Abdrucken beigefügt. Sie gelangt am 1. Mai d. J. im Reichs- und Staatsanzeiger zum Abdruck und wird hierdurch nach § 3 Abs. 1 A. G. Geltungskraft gegenüber dem Publikum erhalten.

Eine Reihe von Erläuterungen und Anweisungen zu der V. A. V. G., die sich teils wegen ihres Inhalts, teils wegen ihrer vorübergehenden Bedeutung für die Aufnahme in den Text selbst nicht eigneten, ist nachstehend im Abschnitte II getroffen.

4. Für die noch nicht genannten Teile der V. G., namentlich die Strafvorschriften (§§ 74 bis 77), bedarf es keiner besonderen Ausführungsvorschriften.

## **Abschnitt I.** Zu §§ 1 bis 15 V. G.

**Zu § 2 Abs. 2.** An Stelle der beamteten Tierärzte können nach dem neuen Gesetz im Falle ihrer Behinderung oder aus sonstigen Gründen andere Tierärzte zugezogen werden, während das bisher geltende Viehseuchengesetz die Zuziehung anderer Tierärzte nur beim Vorliegen dringender Gründe zuliess. Von der hiernach erweiterten Möglichkeit der Beauftragung von Privattierärzten mit amtlichen Geschäften wird namentlich dann Gebrauch zu machen sein, wenn dadurch Verzögerungen in der Erledigung der Dienstgeschäfte, insbesondere in der Ausführung von Untersuchungen, vermieden werden können oder eine ins Gewicht fallende Kostenersparnis für die zur Kostentragung verpflichteten Viehbesitzer erzielt werden kann. In jedem Fall ist jedoch zu prüfen, ob der mit der Wahrnehmung der Amtsverrichtungen zu beauftragende Tierarzt für dieses Amt nach seiner Persönlichkeit und Vorbildung geeignet erscheint. Die Zuziehung ungeeigneter Tierärzte hat zu unterbleiben. Ferner wird, wenn eine Heranziehung von Privattierärzten zur Kostenersparnis in Frage kommt, sorgfältig zu prüfen sein, ob sie gegenüber den Nachteilen der damit verbundenen Durchbrechung einer einheitlichen Führung des Veterinärdienstes durch den ordentlichen Veterinärbeamten des Kreises ausschlaggebend ins Gewicht fällt. Die Frage wird, abgesehen von besonders liegenden Fällen, dann zu verneinen sein, wenn es sich um die Ueberwachung wichtigerer Märkte, Vieh-, Schlachthöfe und dergleichen handelt. In solchen Fällen ist auch darauf zu achten, dass mit der Ueberwachung regelmässig nicht Tierärzte betraut werden, die zu dem Unternehmer der zu beaufsichtigenden Betriebe oder Anstalten in einem Dienst- oder Vertragsverhätnisse stehen. Die Entscheidung über die Heranziehung von Privattierärzten liegt den Regierungspräsidenten ob. Wegen der Uebertragung amtstierärztlicher Befugnisse an Militärveterinäre bei Seuchenfällen unter Pferden, die im Eigentume von Militärpersonen stehen und sich mit Pferden der Militärverwaltung in Truppenstallungen befinden oder gleichzeitig mit solchen Pferden ausserhalb von Truppenstallungen auf Grund des Naturalleistungsgesetzes untergebracht sind, behält es bei den Bestimmungen des Erlasses vom 19. Mai 1909 (M. Bl. M. f. L. S. 230) sein Bewenden.

**Zu § 3 Abs. 2.** Es wird festzustellen sein, welche staatliche Anstalten die hier vorgesehenen Bedingungen erfüllen und deshalb selbständige Befugnisse bei der Anordnung veterinärpolizeilicher Massregeln rücksichtlich der eigenen Viehbestände haben. Die beteiligten Behörden sind entsprechend zu verständigen.

**Zu § 3 Abs. 3.** Die Befugnis, die Massregeln zur Ermittelung und Unterdrückung von Seuchen auch in dem im § 3 Abs. 3 V. G. vorgesehenen Umfange selbständig anzuordnen wird den Vorständen der tierärztlichen Hochschulen in Berlin und Hannover, der zu ihnen gehörigen Kliniken und Institute sowie dem Vorsteher der tierhygienischen Abteilung des Kaiser-Wilhelms-Instituts zu Bromberg übertragen. Auf die Pflicht zur Benachrichtigung der Ortspolizeibehörden nach § 3 Abs. 5 V. G. wird besonders hingewiesen. Sofern sich das Bedürfnis herausstellen sollte, die gleichen Befugnisse auch den Vorständen von Anstalten der in § 3 Abs. 3 Nr. 3 V. G. gedachten Art zu übertragen, ist darüber zu berichten. Wegen des Zusammenwirkens von Zivil- und Militärveterinären bei Aufklärung eines Verdachts der Uebertragung von Seuchen durch Militärpferde auf Pferde der Zivilbevölkerung behält der Erlass vom 24. Januar 1910 (M. Bl. M. f. L. S. 71) auch in Zukunft Geltung.

**Zu § 6.** Das bisher geltende Gesetz ist dahin erweitert, dass die Einfuhr auch verdächtiger, insbesondere solcher

Tiere verboten ist, die nur der Ansteckung verdächtig sind. Ob bei Tieren, die zur Einfuhr gelangen sollen, im einzelnen Fall Ansteckungsverdacht anzunehmen ist, muss nach Lage der Sache entschieden werden. Wird in einem einzuführenden Transporte bei einem oder mehreren Tieren eine Seuche festgestellt, so werden in der Regel sämtliche für die Seuche empfänglichen Tiere als ansteckungsverdächtig anzusehen sein. Dies gilt namentlich dann, wenn nach der Natur der Seuche und der Art des Transports, insbesondere der Unterbringung, Wartung und Pflege der Tiere auf dem Transport anzunehmen ist, dass sämtliche Tiere den Ansteckungsstoff in sich aufgenommen haben. Diese Annahme wird stets begründet sein, wenn bei den Transporten eine leicht übertragbare oder besonders gefährliche Seuche wie Rotz oder Maul- und Klauenseuche festgestellt wird. Bestehen jedoch mit Rüchsicht auf die Art der Krankheit und die sonstigen Umstände Zweifel, ob Ansteckungsverdacht bei sämtlichen Tieren des Transports vorliegt so erscheint es zulässig, die nicht kranken oder seucheverdächtigen Tiere nicht schlechthin zurückzuweisen, sondern zunächst während einer angemessenen Frist einer gesicherten Beobachtung an einem geeigneten Orte an oder in der Nähe der Grenze zu unterwerfen, um weiter zu prüfen, ob ein Verdacht anzunehmen ist. In dieser Weise wird namentlich bei der Einfuhr von Pferden auf dem Seewege verfahren werden können, wenn bei einem oder dem anderen von ihnen ein Fall von Druse festgestellt ist. In Zweifelsfällen ist die Entscheidung des Regierungspräsidenten über die Behandlung der eingeführten Tiere anzurufen.

**Zu § 8.** Die in § 8 vorgeschriebene Mitteilung an den Reichskanzler (Reichsamt des Innern) liegt der Behörde ob, von der die Anordnung erlassen ist, also auch den Landräten im Falle des § 2 Satz 2 A. G. Bei der auch künftig erforderlichen Einreichung von Abdrucken der Anordung (vgl. Schlussabsatz des gegenwärtigen Erlasses) ist — gegebenenfalls durch kurzen Vermerk auf dem Umschlagbogen — anzugeben, dass die Mitteilung erfolgt ist.

**Zu § 9 Abs. 1.** Von der den Landesregierungen eingeräumten Befugnis, die Erstattung der Anzeige an eine andere Stelle als die Ortspolizeibehörde zuzulassen, soll vorläufig kein Gebrauch gemacht werden. Sofern sich ein Bedürfnis hierfür, z. B. für Zulassung der Anzeige an den Ortsvorstand, herausstellen sollte, ist zu berichten.

**Zu §§ 9, 10.** Soweit preussische Landesteile in Frage kommen, ist die Anzeigepflicht von dem Reichskanzler auf Grund des bisher geltenden Viehseuchengesetzes (§ 10 Abs. 2) noch für folgende nicht in § 10 Abs. 1 V. G. bezeichnete Krankheiten eingeführt:

1. für die Gehirnrückenmarkentzündung der Pferde (sog. Bornasche Pferdekrankheit) in der Provinz Sachsen (Bek. vom 12. November 1896, Reichs-Gesetzbl. S. 713);

2. für die als Influenza der Pferde bezeichneten Krankheiten im ganzen Reich (Bek. vom 29. Juli 1908, Reichs-Gesetzbl. S. 479);

3. für die Druse der Pferde in der Provinz Ostpreussen (Bek. vom 7. April 1905, Reichs-Gesetzbl. S. 233) und für den Regierungsbezirk Stade (Bek. vom 21. Oktober 1910, Reichs-Gesetzbl. S. 1093). Diese Vorschriften behalten, da sie auch in dem neuen Gesetze (§ 10 Abs. 2) eine Stütze finden, ihre Gültigkeit, desgleichen die von den Regierungspräsidenten zur Bekämpfung dieser Seuchen erlassenen Anordnungen, da angenommen werden kann, dass ihnen die materielle Rechtsgrundlage auch nach dem neuen Gesetze nicht fehlt (vgl. die Schlussausführungen des gegenwärtigen Erlasses). Es ist jedoch eine Neubearbeitung der Anordnungen unter Beachtung der Vorschriften der neuen Gesetzgebung in die Wege zu leiten. Zum Neuerlasse von Anordnungen ist meine Genehmigung erforderlich. Es bleibt vorbehalten, für die Anordnung zur Bekämpfung der Influenza der Pferde ein Muster herauszugeben. Die Desinfektion wird bei diesen Seuchen, wie schon jetzt bemerkt wird, nach den Vorschriften des § 13 der Anweisung für das Desinfektionsverfahren (Anlage A zur V. A. V. G.) zu erfolgen haben.

**Zu § 11 Abs. 2.** Die Beobachtung der Vorschrift, dass die von dem beamteten Tierarzte getroffenen vorläufigen Anordnungen dem Besitzer der Tiere oder dessen Vertreter entweder zu Protokoll oder durch schriftliche Verfügung zu eröffnen sind, haben die beamteten Tierärzte besonders sorfältig im Auge zu behalten, da ihre Nichtbeachtung die Anordnung ungültig macht. Mündliche Bekanntgabe, wie sie in § 3 Abs. 2 A. G. sonst für Anordnungen zugelassen ist, die an eine bestimmte Person gerichtet sind, genügt in diesem Falle nicht.

**Zu § 12.** Die Befugnis zur Anordnung der Tötung und Zerlegung eines verdächtigen Tieres auf Grund dieses

Paragraphen wird hiermit für Kleinvieh in Stadtkreisen der Ortspolizeibehörde, in anderen Kreisen dem Landrat, für Grossvieh dem Regierungspräsidenten vorbehalten. Die Entnahme einer Impf- oder Blutprobe kann von der Ortspolizeibehörde angeordnet werden. Für die Entnahme von Blutproben bei Rotz bewendet es mit dieser Massgabe bei den dafür gegebenen besonderen Bestimmungen.

**Zu § 13.** Die Ortspolizeibehörde hat auf die gutachtliche Erklärung des beamteten Tierarztes, dass der Ausbruch einer Seuche festgestellt sei oder dass der begründete Verdacht eines Seuchenausbruchs vorliege, die erforderlichen Schutzmassregeln auch dann zu treffen, wenn gegen das Gutachten des beamteten Tierarztes Zweifel bestehen. In diesem Falle ist sofort dem Regierungspräsidenten unter Darlegung der Sachlage und unter näherer Angabe der Gründe, vorauf sich die Zweifel stützen, zur weiteren Entscheidung gemäss § 15 Abs. 2 V. G. zu berichten.

**Zu § 14.** Von der nochmaligen Zuziehung des beamteten Tierarztes bei neuen Seuchenausbrüchen in dem Seuchenorte selbst oder in unmittelbar angrenzenden Ortschaften ist bei Bläschenausschlag der Pferde oder des Rindviehs, bei Rotlauf der Schweine sowie bei Geflügelcholera und Hühnerpest, sofern nicht im einzelnen Falle Bedenken vorliegen, regelmässig Abstand zu nehmen. Dagegen darf bei Maul- und Klauenseuche auf die Zuziehung des beamteten Tierarztes auch bei erneuten Seuchenausbrüchen nicht verzichtet werden, es sei denn, dass die im Bedarfsfalle bei mir nachzusuchende Genehmigung hierzu erteilt wird.

**Zu § 15.** Es ist Vorsorge zu treffen, dass dem Besitzer sein Recht, einen anderen Tierarzt zuzuziehen, in allen Fällen offengehalten wird. Findet die Feststellung des Krankheitszustandes eines verdächtigen Tieres in Abwesenheit des Besitzers oder seines Vertreters statt, so ist er sobald als möglich von dem Ergebnisse zu benachrichtigen. Auch ist, soweit angängig, die Aufbewahrung der für eine Nachprüfung nötigen Teile zu veranlassen. Das in § 15 Abs. 2 V. G. vorgesehene tierärztliche Obergutachten ist von dem Departementstierarzt, in Fällen seiner Verhinderung von seinem Vertreter zu erstatten. Ist der Departementstierarzt bei der Abfassung des ersten Gutachtens beteiligt gewesen, so ist ein benachbarter Departementstierarzt mit der Abgabe des Gutachtens zu beauftragen. Die

Regierungspräsidenten haben nach Benehmen mit den benachbarten Regierungspräsidenten ein für allemal zu bestimmen, welcher Departementstierarzt in solchen Fällen heranzuziehen ist. Walten gegen das Obergutachten des Departementstierarztes Zweifel ob, so kann der Regierungspräsident ein weiteres Gutachten des Landesveterinäramts einholen. In diesem Falle ist mir ein entsprechender Antrag einzureichen. Ist für die Feststellung des Krankheitzustandes zum Zwecke der Entschädigungsleistung die Vornahme einer besonderen Untersuchung oder die Nachprüfung an einer anderen Untersuchungsstelle vorgeschrieben (vgl. § 13 Abs. 1 A. G.), so ist das Ergebnis dieser Untersuchungen nach Massgabe der hierfür geltenden Bestimmungen auch bei den weiteren veterinärpolizeilichen Anordnungen zugrunde zu legen. Dasselbe gilt, wenn ein wegen der Entschädigungsleistung von dem verpflichteten Verband oder dem Viehbesitzer eingeholtes Obergutachten oder ein weiteres Gutachten des Landesveterinäramts die Unrichtigkeit des Gutachtens des beamteten Tierarztes ergeben hat (vgl. § 14 A. G.).

## Abschnitt II.

### Zu der viehseuchenpolizeilichen Anordnung (zugleich Ausführungsanweisung) vom 1. Mai 1912 — V. A. V. G. —

Wie bereits in der Einleitung unter Nr. 3 dargelegt ist, hat die V. A. V. G., soweit sie zwingende Vorschriften enthält (vgl. z. B. §§ 8, 11, 20), unmittelbar verbindliche Kraft und steht unter dem strafrechtlichen Schutze der §§ 74 ff., insbesondere des § 74 Nr. 1, § 76 Nr. 1 V. G. Dies gilt auch für die zwingenden Vorschriften, die in der V. A. V. G. (§§ 94 ff.) zur Bekämpfung einer besonderen Seuchengefahr enthalten sind (vgl. z. B. § 97 Abs. 3 bis 5, §§ 98, 99, 100, 101). Hiernach würde es der Aufnahme dieser Bestimmungen in die von den zuständigen Behörden, insbesondere den Regierungspräsidenten, im einzelnen Seuchenfalle zu erlassenden Anordnungen nicht bedürfen. Mit Rücksicht darauf aber, dass es für die Beteiligten erwünscht ist, sämtliche von ihnen bei den einzelnen Seuchen zu beobachtende Vorschriften jedesmal mitgeteilt zu erhalten, haben die Behörden, soweit tunlich, in ihre im Einzelfalle zu erlassenden Anordnungen auch die schon im Gesetz oder in der V. A. V. G. enthaltenen zwingenden Bestimmungen mit aufzunehmen.

Den Ortspolizeibehörden sind in der V. A. V. G. zum Teil weitgehende Befugnisse, namentlich bei Bewilligung von Erleichterungen gegenüber den als Regel vorgesehenen Schutzmassregeln beigelegt. Es wird erwartet, dass die Ortspolizeibehörden von diesen Befugnissen mit Vorsicht und im steten Hinblick auf den zu erreichenden veterinärpolizeilichen Zweck Gebrauch machen. In allen Fällen, wo die Massnahme vom veterinärpolizeilichen Standpunkte nicht völlig unbedenklich ist und wo es sich nicht um unaufschiebbare Entscheidungen handelt, ist zunächst das Gutachten des beamteten Tierarztes zu erfordern.

**Zu §§ 1, 2.** Die Zuständigkeit der Behörden regelt sich des näheren nach dem A. G. und den dazu noch ergehenden Ausführungsbestimmungen (A. B. A. G.). Nach § 1 A. G. kann der Regierungspräsident die ihm zustehenden Befugnisse auf den Landrat übertragen. Dies gilt jedoch nicht für denjenigen Teil seiner Obliegenheiten, die in den B. A. V. G. der Landesregierung vorbehalten und in der V. A. V. G. auf den Regierungspräsidenten übertragen sind. Eine weitere Uebertragung auf den Landrat ist insoweit unzulässig. Im übrigen sind in der V. A. V. G. den Regierungspräsidenten im allgemeinen nur solche Befugnisse vorbehalten, die nach der Natur der Sache für grössere Bezirke einheitlich gehandhabt werden müssen. Wo daher beabsichtigt wird, in Abweichung von der in der V. A. V. G. getroffenen Regelung die Befugnisse dem Landrat weiter zu übertragen, ist zunächst meine Entscheidung einzuholen. Ob und inwieweit die Landräte von der ihnen nach § 1 Abs. 2 A. G. zustehenden Befugnis, die Obliegenheiten der Ortspolizeibehörden zu übernehmen, Gebrauch machen wollen, wird zunächst ihrem Ermessen überlassen bleiben können. Es wird jedoch erwartet, dass bei den wichtigeren Seuchen, z. B. bei der Maul- und Klauenseuche und insbesondere bei Massnahmen, die für mehr als einen Ortspolizeibezirk Platz greifen, z. B. bei der Bildung der Sperrgebiete und der Beobachtungsbezirke, die Landräte die nötigen Anordnungen treffen.

**Zu § 6 Abs. 1.** Die Bestimmung geht über die B. A. V. G. insofern hinaus, als die Beaufsichtigung der grösseren gewerblichen Schweinemästereien zwingend vorgeschrieben ist. Als gewerblich sind solche Mästereien anzusehen, die auf Gewinnerzielung gerichtet sind und als ein dauernder selbständiger Betrieb ausgeübt werden. Die Mästung im landwirtschaftlichen Betriebe bildet regelmässig einen Nebenbetrieb der Landwirtschaft und wird daher von der Vorschrift nicht betroffen. Nach diesem Gesichtspunkt wird die Beaufsichtigung der gewerblichen Schweinemästereien zu regeln sein. Diejenigen Betriebe, bei denen nach den bisherigen Erfahrungen Unregelmässigkeiten festgestellt worden sind, werden besonders ins Auge zu fassen sein. Sofern Zweifel über die selbständige Gewerbsmässigkeit von Schweinemästereien obwalten, ist meine Entscheidung anzurufen. Es ist darauf zu achten, dass der Umfang der im § 6 V.A.V.G. vorgesehenen Beaufsichtigung in richtigem Verhältnisse zu der Grösse und Bedeutung des Betriebes steht. Zu häufige amtstierärztliche Besuche von Anstalten und Betrieben, die nicht wie Viehmärkte, Nutzviehhöfe, Schlachtviehhöfe, Tierschauen, Ausstellungen usw. eine dauernde amtstierärztliche Beaufsichtigung erfordern, werden zu vermeiden sein. Im allgemeinen werden viertel- bis halbjährliche Besichtigungen genügen. Die hiernach getroffenen Anordnungen über die Beaufsichtigung sind mir einzureichen: dabei ist zu berichten, ob bei der Beaufsichtigung ein Zusammenwirken der beamteten Tierärzte mit den beamteten Aerzten, soweit nach den bestehenden Vorschriften auch diesen ein Aufsichtsrecht zusteht (vgl. Dienstanweisung für die Kreisärzte vom 1. September 1909, insbesondere § 80), zweckmässig und nützlich erscheint.

**Zu § 6 Abs. 2.** Die Befreiung von der Beaufsichtigung kann für bestimmte Jahr- und Wochenmärkte allgemein oder in jedem Einzelfall ausgesprochen werden. Bei Beurteilung der Zulässigkeit von Befreiungen ist Zurückhaltung angezeigt. Nur wenn mit dem Marktbetriebe nennenswerte veterinärpolizeiliche Gefahren nicht verbunden sind, z. B. bei Märkten, auf denen nur Küchengeflügel gehandelt wird, oder der Marktauftrieb regelmässig unbedeutend ist, wird auf die Beaufsichtigung verzichtet werden können. Auch bei Freilassung der Ställe und Betriebe von Viehhändlern von der Beaufsichtigung ist ähnliches zu beachten. Die Freilassung kann zeitlich beschränkt werden und ist unter allen Umständen jederzeit widerruflich. Die Beaufsichtigung ist sofort anzuordnen, sobald sich aus der Freilassung Missstände ergeben.

**Zu § 9.** Soweit eine Untersuchung von Vieh vor dem Verladen oder vor oder bei dem Entladen jetzt schon angeordnet ist, können die Vorschriften vorläufig aufrecht erhalten werden. Ich erteile hierzu ausdrücklich meine Genehmigung. Es ist jedoch erwünscht, dass hierbei innerhalb grösserer Bezirke, bei denen gleiche oder ähnliche wirtschaftliche Verhältnisse vorliegen, namentlich innerhalb der einzelnen Provinzen, möglichst gleichmässig verfahren wird. Die Regierungspräsidenten haben sich hierüber mit einander ins Benehmen zu setzen. Alsdann ist zu berichten, wieweit Vorschriften über die Untersuchung beim Ver- oder Entladen in den einzelnen Bezirken bestehen, ob und inwieweit ihre dauernde Beibehaltung notwendig erscheint und inwieweit ein Zusammengehen mit den benachbarten Bezirken möglich ist. Hierbei ist besonders die Frage zu erörtern, ob auf die Untersuchung bei der Entladung verzichtet werden kann, wenn innerhalb einer gewissen Frist vorher, insbesondere beim Verladen, bereits eine amtstierärztliche Untersuchung im Reichsgebiete stattgefunden hat. Auf die Notwendigkeit, nach § 10 Satz 2 V. A. V. G. über die Anzeigepflicht Bestimmung zu treffen, wird besonders hingewiesen. Die Frist für Erstattung der Anzeige bei Anordnungen auf Grund des § 9 braucht mit der in § 10 Satz 1 nur für den Fall des § 8 festgesetzten nicht übereinzustimmen; sie kann vielmehr je nach Lage der örtlichen Verhältnisse verschieden bemessen werden.

**Zu § 20.** Die Vorschriften sind nicht so aufzufassen, als ob jeder Viehhändler für sämtliches in seinem Besitze befindliche Vieh nur ein Kontrollbuch zu führen hätte. Bei dieser Auslegung würde die Vorschrift des § 22 über die Mitführung der Kontrollbücher mit jedem Transporte nicht erfüllt werden können. Die Bestimmung bezweckt vielmehr, das für alles Händlervieh, gleichviel ob es sich auf dem Transport oder in den Händlerställen befindet, jederzeit durch das Kontrollbuch die darin vorgesehenen Angaben festgestellt werden können. Soweit daher ein Händler mehrere Angestellte als Transportführer beschäftigt, wird für jeden dieser Transportführer ein besonderes Kontrollbuch auszustellen sein. Wird nach Beendigung des Transportes das Vieh in den Stall des Händlers eingestellt oder mit dem Transport eines anderen Transportführers vereinigt, so ist das Vieh in das Kontrollbuch des Händlers, falls dieser das Kontrollbuch über das eingestellte Vieh führt, oder des anderen Transportführers aufzunehmen. In dem Kontrollbuche des ersten Transportführers ist dann zu vermerken, dass das Vieh in das Kontrollbuch des Händlers oder des anderen Transportführers übertragen ist.

**Zu § 25.** Eine besondere Begriffsbestimmung für Molkereien findet sich weder im Gesetze noch in den B. A. V. G. Da aber in § 26 B. A. V. G. als Begriffsmerkmal für Sammelmolkereien die Verarbeitung der Milch von Kühen verschiedener Bestände und als Verarbeitung auch die Entrahmung der Milch angesehen ist, so wird der Begriff der einfachen Molkereien im Sinne des § 25 auch entsprechend weit zu fassen sein. Insbesondere wird regelmässig davon auszugehen sein, dass ein Milchbetrieb, in dem mit einer Zentrifuge gearbeitet wird, auch eine Molkerei darstellt, woraus folgen würde, dass nach § 25 die unschädliche Beseitigung des Milchzentrifugenschlamms allgemein geboten ist. Veterinärpolizeilich ist dies auch erwünscht. Sollten sich in der Praxis bei einer so weit gehenden Auslegung des Begriffs „Molkerei" Schwierigkeiten oder Zweifel ergeben, so ist zu berichten.

**Zu § 26.** Unter den Begriff der Sammelmolkereien fallen auch Betriebe von Milchhändlern, die ihren Bedarf aus verschiedenen Ställen decken, dann, wenn sie die Milch nicht lediglich weiter verkaufen, sondern wenn auch eine Verarbeitung der Milch, insbesondere eine Entrahmung, in ihrem Betriebe stattfindet.

**Zu § 27 Abs. 2.** Die Verlängerung der hier vorgesehenen Frist auf 2 Jahre wird namentlich bei kleineren, weniger leistungsfähigen Sammelmolkereien in Frage kommen.

**Zu § 28.** Die in Abs. 2 vorgesehene Ausnahme von dem Erhitzungszwange für solche Sammelmolkereien, deren Viehbestände einem staatlich anerkannten Tuberkulosetilgungsverfahren angeschlossen sind, ist zunächst ausnahmslos zuzulassen. Ueber die Erfahrungen, die damit gemacht werden, ist jedoch spätestens nach Jahresfrist zu berichten.

**Zu § 29.** Die Anordnung, dass die Buchführung in den Molkereien nach einem bestimmten Muster erfolgt, bleibt dem Ermessen des Regierungspräsidenten überlassen. Soweit die beamteten Aerzte mit der Beaufsichtigung über die Molkereien betraut sind, ist das Buch auch diesen auf Verlangen zur Einsicht vorzulegen.

**Zu § 30.** Auch bei der Beaufsichtigung der Sammelmolkereien sind zu häufige Revisionen zu vermeiden. Halbjährliche Besichtigungen werden vorbehaltlich besonderer Vorschriften bei grösserer Seuchengengefahr zunächst im allgemeinen genügen. Die danach getroffenen Anordnungen sind mitzuteilen. Hierbei ist zugleich über die Frage zu berichten, ob und inwieweit über die Beaufsichtigung weitere Vorschriften zweckmässig erscheinen, wobei darauf hingewiesen wird, dass in einigen Regierungsbezirken, z. B. in Potsdam, Revisionsformulare für die Besichtigung vorgeschrieben sind. Auch über die Zweckmässigkeit eines Zusammenwirkens der beamteten Aerzte mit den Tierärzten (vgl. § 79 der Dienstanweisung für die Kreisärzte vom 1. September 1909) will ich einer Aeusserung entgegensehen. Soweit auf Grund der Besichtigungen Anordnungen allgemeiner Natur für die Sammelmolkereien des Bezirkes gegeben werden sollen, ist vorher dem Molkereisachverständigen der Landwirtschaftskammer oder, wenn Genossenschaftsmolkereien in Betracht kommen, den Genossenschaftsverbänden Gelegenheit zur Aeusserung zu geben.

**Zu § 32.** Als Massregel gegen die ständige Seuchengefahr ist nach § 17 Nr. 6 V.G. nur eine Beschränkung des Viehhandels im Umherziehen zulässig. Ein Verbot dieses Handels ist nach §§ 18, 20 Abs. 3 V. G. nnr beim Vorliegen einer besonderen Seuchengefahr und für deren Dauer statthaft. Hierauf ist bei der Anwendung der Vorschriften des § 32 zu achten. Die Anordnungen dürfen nicht eine völlige Lahmlegung des Hausierhandels herbeiführen. Soweit eine in regelmässigen Zwischenräumen oder zu bestimmten Zeitpunkten vorzunehmende amtstierärztliche Untersuchung des beim Handel im Umherziehen mitgeführten Viehes schon jetzt vorgeschrieben ist, können die Anordnungen aufrechterhalten werden. Ich erteile hierzu meine Genehmigung. Auch hier gelten jedoch die Ausführungen zu § 9 wegen Sicherung eines möglichst gleichmässigen Verfahrens für grössere Bezirke mit gleichen oder ähnlichen wirtschaftlichen Verhältnissen. Sofern eine Einigung über das einzuschlagende Vorgehen mit den Nachbarbezirken nicht erzielt werden kann, ist zu berichten.

**Zu § 37.** Ist bei der Auswahl der Eisenbahn-Viehladestellen mit geringerem Verkehr ein Einverständnis mit der Eisenbahnverwaltung nicht zu erzielen, so ist Anzeige zu erstatten.

**Zu § 38.** Die Verfügung vom 20. März 1911 (M Bl. M. f. L. S. 103), wonach sämtliche Eisenbahnwagen, die zur Beförderung von Klauenvieh benutzt worden sind, einer verschärften Desinfektion gemäss § 7 Abs. 2. unter b der Bekanntmachung vom 16. Juli 1904 (Reichs-Gesetzbl. S. 311) zu unterwerfen sind, bleibt bis auf weiteres in Geltung.

**Zu § 39.** Unter tierischen Erzeugnissen im Sinne dieser Vorschrift ist auch Dünger zu verstehen.

**Zu § 41.** Sollte in besonderen Fällen die Schaffung der hier vorgeschriebenen Einrichtungen mit unverhältnismässigen Schwierigkeiten verbunden sein, so ist zu berichten.

**Zu § 44.** Das Gesetz unterscheidet zwischen Viehhöfen und Schlachthöfen. In den Ausführungsvorschriften ist an Stelle dieser Ausdrücke der grösseren Deutlichkeit halber der Ausdruck „Nutzviehhöfe und Schlachtviehhöfe“ gewählt. Neben diesen Anstalten werden im Gesetz und in den Ausführungsvorschriften die Viehmärkte besonders behandelt. Für die begriffliche Unterscheidung der Veranstaltungen ist folgendes zu beachten: Als Viehmarkt wird jede Einrichtung anzusehen sein, die dem Zwecke dient, den Kauf und Verkauf von Vieh auf eine bestimmte Zeit und auf einen bestimmten, dem Publikum zugänglichen Ort zu vereinigen. Auch die Nutzvieh- und Schlachtviehhöfe umfassen solche Viehmärkte. Während aber mit den Märkten meistens nur Einrichtungen vorübergehender Art verbunden sind und die Marktplätze ausserhalb der Marktzeit auch anderen Zwecken zu dienen bestimmt sind, liegen bei den Viehhöfen abgeschlossene Anlagen vor, die ihrer Hauptzweckbestimmung nach dauernd dem Viehhandelsverkehr dienen sollen. Die Viehhöfe sind daher regelmässig mit Einrichtungen zur Einstellung des auf dem Markte gehandelten Viehes versehen, während dies bei Märkten nicht oder nur in beschränktem Masse der Fall ist. Hiernach wird im Einzelfalle zu entscheiden sein, ob ein Markt oder ein Viehhof vorliegt. In Zweifelsfällen ist meine Entscheidung anzurufen.

Nutzviehhöfe unterscheiden sich von Schlachtviehhöfen dadurch, dass erstere für den Handelsverkehr mit Nutzvieh, letztere für den Handelsverkehr mit Schlachtvieh bestimmt sind.

**Zu §§ 44 bis 46.** Bei Neuanlage von öffentlichen Schlachthäusern sind die nach den Vorschriften dieser Paragraphen im veterinärpolizeilichen Interesse zu fordernden Einrichtungen in dem Genehmigungsverfahren nach §§ 16ff der Gewerbeordnung den Genehmigungsbehörden mitzuteilen. Hierbei ist darauf zu achten, dass die zu stellenden Anforderungen sämtlich vor Erteilung der Genehmigung geltend gemacht werden, da nachträgliche Auflagen nach Durchführung des Genehmigungsverfahrens unbedingt vermieden werden müssen. Sollte sich im Einzelfalle nicht mit Sicherheit übersehen lassen, ob etwa im veterinärpolizeilichen Interesse späterhin noch weitere Auflagen erforderlich werden können, so ist bei der Genehmigungsbehörde die Aufnahme der Vorbehaltsklausel anzuregen. Falls sich bei diesem Verfahren Schwierigkeiten ergeben, ist zu berichten.

**Zu § 45.** Für Remontemärkte sind die in den §§ 41 bis 43 vorgesehenen Einrichtungen in der Regel nicht zu fordern. Sollte ein Bedürfnis für Schaffung der Einrichtungen auch auf solchen Märkten bestehen, so ist zu berichten.

**Zu § 46 Abs. 2.** Bei der Ausdehnung der Vorschriften des Abs. 1 auf bestehende Nutzvieh- und Schlachtviehhöfe ist mit Vorsicht vorzugehen, insbesondere sind auch die wirtschaftlichen Verhältnisse der Unternehmer zu berücksichtigen. Auflagen, die ihnen in finanzieller Hinsicht zu grosse Lasten auferlegen würden, sind zu vermeiden. Zeigt sich gegen die für notwendig erachteten Auflagen seitens der Unternehmer lebhafter Widerstand, so stelle ich anheim, mir die Angelegenheit vor weiterer Verfolgung vorzutragen.

**Zu § 48.** Verbote oder Beschränkungen des gewerbsmässigen Handels mit Vieh an Markttagen ausserhalb des Marktplatzes, die auf Grund des Gesetzes, betreffend die Preisfeststellung beim Markthandel mit Schlachtvieh, vom 8. Februar 1909 (Reichs-Gesetzbl. S. 269) erlassen sind, bleiben unberührt. Es ist jedoch in jedem Falle zu prüfen, ob für diese Märkte im veterinärpolizeilichen Interesse weitergehende Vorschriften nötig sind; ferner ist zu erwägen, ob nicht auch bei anderen Märkten ein Handelsverbot im Sinne des § 48 erwünscht erscheint. Hierüber ist zu berichten. Vormärkte können, soweit sie jetzt schon gebräuchlich sind, einstweilen weiter zugelassen werden, jedoch ist hiervon Anzeige zu erstatten und dabei zu erörtern, ob eine Aufhebung der Vormärkte veterinärpolizeilich zweckmässig und mit den wirtschaftlichen Verhältnissen vereinbar ist.

**Zu § 54.** Bei neu einzurichtenden Gast- und Händlerställen ist nach Möglichkeit dafür zu sorgen, dass eine ausreichende Beleuchtung durch Tageslicht vorhanden ist.

**Zu § 69.** Die Abgabe von Kadaverfleisch aus Abdeckereien als Futtermittel für Tiere wird nur in besonderen Ausnahmefällen und nur für zuverlässig geleitete Abdeckereien, bei denen ein Missbrauch ausgeschlossen erscheint, zugestanden werden können. Für ine ausreichende Kontrolle ist in jedem Falle Sorge zu tragen.

**Zu § 70.** Von den hier vorgesehenen Befugnissen ist überall da Gebrauch zu machen, wo die Erfüllung der Anforderungen ohne allzu grosse Erschwernisse für die Abdeckereien möglich ist. Für grössere bestehende Abdeckereien werden die Einrichtungen stets zu fordern sein.

**Zu § 75.** Auch für die Beaufsichtigung der Abdeckereien ist ein Zusammenwirken der beamteten Aerzte und Tierärzte ins Auge zu fassen (vgl. oben zu § 6 V. A. V. G.). Die über die Beaufsichtigung getroffenen Bestimmungen sind hierher mitzuteilen. Eine Anzeige über das Vorhandensein bestehender Betriebe wird nur dann vorzuschreiben sein, wenn die Betriebe nicht ohnehin bekannt sind.

**Zu § 77.** Es wird besonders darauf hingewiesen, dass das Arbeiten mit den Erregern von Schweinepest und solchem Material, das die Erreger von Schweinepest zu enthalten verdächtig ist, in Zukunft unter die strengeren Vorschriften für das Arbeiten mit Cholera- und Rotzerregern fällt und dass der Erlass vom 17. September 1908 (M. Bl. M. f. L. S. 354) insoweit nicht mehr zutrifft. Auch Aerzte und Tierärzte dürfen in Zukunft mit solchen Erregern, ausser zu diagnostischen Zwecken, nur mit Erlaubnis der Landeszentralbehörde arbeiten. Das Arbeiten mit Erregern der Maul- und Klauenseuche oder mit solchem Material, das diese Erreger zu enthalten verdächtig ist, findet — vorbehaltlich der Erteilung einer Erlaubnis für einzelne besondere Fälle — allgemein und dauernd zunächst nur in dem Seuchenforschungsinstitut auf der Insel Riems im Regierungsbezirk Stralsund statt. Etwa eingehende Anträge auf Erteilung weiterer Genehmigungen sind mir vorzulegen. Dies gilt auch für Anträge auf Zulassung des Arbeitens mit Erregern der Schweinepest. Vor Erteilung einer Genehmigung gemäss §§ 2 bis 4 der Bekanntmachung vom 4. Mai 1904 (Anlage D) wird auch für die in Zukunft neu hinzukommenden Fälle entsprechend dem Erlasse vom 6. August 1904 — M. d. g. A. Nr. 13275 U I, M. f. L. I. G. a. 6909 — ein Bericht des Kreistierarztes einzufordern sein. Handelt es sich bei dem Arbeiten mit Viehseuchenerregern um die Herstellung von Impfstoffen, so sind gleichzeitig die Vorschriften der §§ 78 ff V. A. V. G. zu beachten. Im Zweifel sind die strengeren Bestimmungen massgebend.

**Zu §§ 78, 80 Abs. 1, 81.** Vor Erteilung einer Erlaubnis auf Grund dieser Vorschriften ist bis auf weiteres meine Entscheidung einzuholen. Wegen Behandlung der Fälle, in denen bei Herstellung von Impfstoffen zugleich ein Arbeiten mit Viehseuchenerregern in Betracht kommt, wird auf die Bemerkung zu §§ 77 V. A. V. G. verwiesen.

**Zu § 82.** Wegen Ueberwachung der bakteriologischen Institute der Landwirtschaftskammern, soweit sie die Impfstoffgewinnung und -verwendung betreiben, wird von hier aus Bestimmung getroffen werden. Im übrigen wird näheren Vorschlägen für die Beaufsichtigung der Impfstoffanstalten entgegengesehen. Die Ueberwachung wird im allgemeinen durch den Departementstierarzt stattzufinden haben. Daneben kommt eine laufende Kontrolle durch den Kreistierarzt in Betracht. Soweit bei der Beaufsichtigung auch beamtete Aerzte beteiligt sind, ist zu prüfen und zu berichten, inwieweit ein Zusammenwirken mit den beamteten Tierärzten zweckmässig erscheint.

Ob eine amtstierärztliche Untersuchung der Tiere, die zur Herstellung von Impfstoffen gedient haben, vor ihrer Veräusserung oder anderweiten Verwertung anzuordnen sein wird, wird nach der Art des Betriebs und namentlich nach der Art der hergestellten Impfstoffe zu beurteilen sein.

**Zu § 83.** Es wird zunächst beabsichtigt, die Abgabe und Anwendung der Rotlauf-Impfstoffe von einer staatlichen Prüfung abhängig zu machen. Weitere Verfügung hierüber bleibt vorbehalten.

**Zu § 88.** Die Zulassung von Ausnahmen im Sinne dieser Vorschrift zugunsten von wissenschaftlichen Anstalten wird dortigem Ermessen überlassen. Bei der Gewährung weitergehender Ausnahmen ist Vorsicht geboten. Dies gilt insbesondere auch bei der Abgabe von Rotlaufkulturen an Laien. Wenn es die Interessen der Schweinezucht einerseits und die Verbreitung des Rotlaufs anderseits erfordern, wird die Abgabe von Rotlaufkulturen an Besitzer zur Vornahme von Impfungen im eigenen Bestande gestattet werden können, sofern die Gewähr für eine zuverlässige Ausführung der Impfung gegeben erscheint. Weitergehende Ausnahmen sind nur mit meiner Genehmigung zuzulassen. Ueber die Handhabung der Vorschrift ist zu berichten.

**Zu § 96.** Erfolgt die Ermittelung des Milzbrandes oder des Milzbrandverdachts an einem gefallenen oder getöteten Tiere in Abwesenheit des Besitzers, z. B. in einer Abdeckerei, so ist für umgehende Benachrichtigung des Besitzers von dem Ergebnisse des amtstierärztlichen Befundes zu sorgen, damit dieser von seinem Rechte, einen anderen Tierarzt zuzuziehen, Gebrauch machen kann. Dies gilt namentlich dann, wenn der Besitzer eine Entschädigung wegen Milzbrandes verlangt hat, nach dem amtstierärztlichen Befund aber Milzbrand nicht vorliegt. Soweit angängig, ist in solchen Fällen für Aufbewahrung der nötigen Kadaverteile zu sorgen (vgl. oben unter Abschnitt I, zu § 15 V. G.).

**Zu § 97 Abs. 4.** Die Ortspolizeibehörde wird das Betreten der Räumlichkeiten, in denen sich milzbrandkranke oder der Seuche verdächtige Tiere befinden, nur in besonders dringlichen Fällen und nur dann zu gestatten haben, wenn die Erteilung der Erlaubnis sanitäts- und veterinärpolizeilich unbedenklich erscheint. Soweit tunlich, hat sie vor Erteilung der Erlaubnis den beamteten Tierarzt zu hören. Dasselbe gilt auch für gleichliegende Fälle bei anderen Seuchen (vgl. z. B. § 186 Abs. 1, § 207 Abs. 1, § 265 Abs. 1, § 292 Abs. 1; wegen § 162 Abs. 3, § 164 unter b vgl. die besondere Anweisung zu diesen Paragraphen).

**Zu § 104.** Sollte die Vornahme von Impfungen gegen Milzbrand im allgemeinen veterinärpolizeilichen Interesse erwünscht sein, so ist bis auf weiteres zunächst in jedem Falle baldigst zu berichten. Soweit die Provinzialverbände oder die ihnen gleichstehenden Verbände die Entschädigung für solche Tiere, die infolge einer von ihnen angeregten Impfung eingegangen sind, in den Entschädigungssatzungen übernommen haben, ist ihrem Ansuchen auf Anordnung von Impfungen nach Möglichkeit zu entsprechen. Die Regierungspräsidenten werden ermächtigt, in solchen Fällen die Impfung gemäss § 23 V. G. anzuordnen. Das gleiche gilt, wenn von den Verbänden die Vornahme einer Impfung gegen Rauschbrand beantragt wird. Selbstverständlich ist aber in beiden Fällen zu prüfen, ob das Impfverfahren genügend erprobt ist, um in der Praxis angewendet werden zu können. Ueber Anträge der Verbände auf Anordnung von Impfungen gegen Wild- und Rinderseuche und, wie hier bereits vorweggenommen wird, gegen Tollwut oder Maul- und Klauenseuche ist zu berichten. Wegen statistischen Nachweises der Fälle, in denen auf Ansuchen der Verbände Impfungen vorgenommen worden sind, und der damit erzielten Erfolge bleibt Verfügung vorbehalten.

**Zu § 105.** Nach dieser Vorschrift sind die von milzbrandkranken oder der Seuche verdächtigen Tiere benutzten Standplätze usw. zu desinfizieren. Dieselbe Fassung ist auch bei den Vorschriften über die Desinfektion bei den anderen Seuchen gewählt. Hieraus darf nicht geschlossen werden, dass eine besondere Anordnung der Desinfektion durch die Polizeibehörden entbehrlich werde. Der Besitzer ist vielmehr in jedem einzelnen Falle mit besonderer Anweisung zu versehen.

**Zu § 106.** Als anerkanntes Impfverfahren im Sinne des Abs. 2 dieses Paragraphen gilt bis auf weiteres das Impfverfahren nach Pasteur und nach Sobernheim. Sind die gefährdeten Tiere nachweislich nach einem solchen Verfahren geimpft, so wird in der Regel die Herabsetzung der Schutzfrist auf eine Woche bewilligt werden können. Es wird angenommen, dass über die Erfordernisse der hiernach staatlich anerkannten beiden Arten des Impfverfahrens Zweifel in der tierärztlichen Praxis nicht obwalten. Sollte dies dennoch der Fall sein, so ist zu berichten.

**Zu § 108.** Da ein völlig zuverlässiges Impfverfahren zum Schutze gegen Rauschbrand noch nicht bekannt ist, so wird zunächst davon abgesehen, entsprechend der Vorschrift des § 106 Abs. 2 auch bei dieser Seuche ein Verfahren zuzulassen, nach dessen Anwendung die Schutzfrist herabgesetzt werden könnte. Weitere Bestimmung nach Vervollkommnung der Rauschbrand-Impfmethoden bleibt vorbehalten. Ebenso kann ein zuverlässiges Verfahren für die Desinfektion der Häute von Rauschbrandkadavern zur Zeit noch nicht angegeben werden.

**Zu § 114.** Nach Abs. 8 kann die Tötung frei umherlaufender Hunde im gefährdeten Gebiet angeordnet werden. Es wird in jedem Falle zu erwägen sein, ob eine solche Anordnung veterinärpolizeilich geboten ist. Zugleich wird zu bestimmen sein, wem die Tötung obliegt. Es sind hiermit Polizeivollzugsbeamte, Förster, Feld- und Waldaufseher, in Grenzbezirken im Einvernehmen mit der Zollverwaltung auch Grenzwachtbeamte zu beauftragen. Dasselbe gilt für § 116 V. A. V. G. Wegen des Verfahrens in den Grenzbezirken an der österreichischen Grenze behält es bei den im Erlasse vom 20. Januar 1911 — I. A. III. e. 5 — gegebenen Bestimmungen sein Bewenden, jedoch mit der Massgabe, dass in Zukunft auch die Tötung solcher Hunde und Katzen polizeilich anzuordnen ist, bei denen nur der

Verdacht der Tollwut festgestellt ist oder bei denen anzunehmen ist, dass sie mit der Tollwut verdächtigen Hunden und Katzen in Berührung gekommen sind.

**Zu §§ 131, 132.** Die Bestimmungen der Erlasse vom 6. Dezember 1899 und 23. Oktober 1901 — I G. a. 8687 und 7356 —, wonach mir von jedem neuen Ausbruch und von dem Erlöschen des Rotzes Anzeige zu erstatten ist, bleiben unberührt. Etwaige Aenderungen des dem letzterwähnten Erlasse beigefügten Musters werden von hier aus veranlasst werden. Nach § 132 V. A. V. G. sollen die Mitteilungen über den Ausbruch des Rotzes an die Landgestüte und die Generalkommandos durch den Landrat erfolgen. Die Landräte werden durch entsprechende Anordnungen dafür zu sorgen haben, dass ihnen die erforderlichen Anzeigen von den Ortspolizeibehörden rechtzeitig zugehen.

**Zu § 138.** Die Bestimmung, wonach zu jeder ersten Feststellung von Rotz in einem Bestande der Departementstierarzt zuzuziehen ist, bleibt unberührt (vgl. Erlasse vom 17. Oktober 1896 und vom 29. November 1897 — I G 8203 und 8987 —).

**Zu § 155.** Von den vorgeschriebenen Ermittelungen und Untersuchungen wird nach Abs. 3 nur abgesehen werden dürfen, wenn und insoweit der Fall so klar liegt, dass über die Art der Einschleppung und die sonstigen für eine Weiterverbreitung der Seuche in Betracht kommenden Verhältnisse kein Zweifel besteht.

**Zu § 158, 159.** Bis auf weiteres haben die beamteten Tierärzte jeden ersten Seuchenausbruch in einem bis dahin seuchefreien Kreise mir unmittelbar telegraphisch zu melden; hierbei sind die Grösse des Viehbestandes und die Ursache des Seuchenausbruchs anzugeben, zugleich ist anzuzeigen, ob die Gefahr einer weiteren Verbreitung der Seuche vorliegt und ob die Tötung des Bestandes zweckmässig erscheint, letzterenfalls auch der mutmassliche Wert des Bestandes. Ferner ist auch künftig noch halbmonatlich eine Seuchenstandsnachweisung nach dem Muster der dem Erlasse vom 15. März 1911 (M. Bl. M. f. L. S. 75) beigegebenen Anlage 2 von dem Regierungspräsidenten einzureichen. Nach den Erlassen vom 24. November 1898, 21 März 1908 und 12. Oktober 1911 — I. G. 8511, I. A. III. e. 1625 und I. A. III. e. 9412 — ist von jedem Ausbruch und von dem Erlöschen der Maul- und Klauenseuche auf bestimmten grösseren Viehmärkten das Kaiserliche Gesundheitsamt telegraphisch zu benachrichtigen. Hierbei behält es auch in Zukunft sein Bewenden. Ein Verzeichnis der in Betracht kommenden Märkte nach dem neuesten Stande wird demnächst mitgeteilt werden.

**Zu § 159.** Kommt nach Lage der Sache die Tötung des verseuchten Bestandes in Frage, so hat der beamtete Tierarzt, unbeschadet der von jedem Seuchenausbruch in einem bis dahin unverseuchten Kreise mir unmittelbar zu erstattenden telegraphischen Anzeige (vgl. zu §§ 158, 159), unter Angabe der Grösse des zu tötenden Bestandes und der mutmasslichen Höhe der Entschädigungssumme an den Regierungspräsidenten telegraphisch zu berichten. Die Entscheidung über die Tötung ist mit grösstmöglicher Beschleunigung zu treffen, bei einer mutmasslichen Höhe der Entschädigung von mehr als 1000 M. allerdings erst nach telegraphischer Einholung meiner Genehmigung. Wegen des Verfahrens in den Bezirken, in denen sich die Provinzial- und die ihnen gleichstehenden Kommunalverbände durch ihre Entschädigungssatzungen das Recht zum Ankaufe von Klauenviehbeständen aus Anlass der Maul- und Klauenseuche gesichert haben, bleibt weitere Verfügung vorbehalten.

**Zu §§ 162 Abs. 1, 163 Abs. 1.** Es wird besonders darauf hingewiesen, dass bei Ueberführung der Tiere nach einem anderen Orte zum Zwecke der Schlachtung vor der Ueberführung das Einverständnis der Ortspolizeibehörde des Schlachtorts einzuholen ist (vgl. § 160 Abs. 1 letzter Satz).

**Zu § 162 Abs. 3, § 164 unter b.** Das Betreten der gesperrten Ställe (§ 162 Abs. 3) ist abgesehen von Notfällen anderen als den in § 154 Abs. 1 a bezeichneten Personen in der Regel nicht zu gestatten. Nur in besonders dringlichen Fällen und, soweit irgend tunlich, erst nach Anhörung des beamteten Tierarztes sind Ausnahmen zuzulassen. Zu § 164 unter b ist aus landwirtschaftlichen Kreisen eine weitere Einschränkung des Hausierhandels im Sperrbezirk und Beobachtungsgebiet angeregt worden. Er wird zunächst davon abgesehen, solche weitergehenden Beschränkungen anzuordnen, da sie wirtschaftlich von nicht unerheblicher Bedeutung sind, namentlich dann, wenn die Einschränkungen auch für das Beobachtungsgebiet getroffen werden sollen. Es ist jedoch zu prüfen, ob etwa ein Bedürfnis nach weitergehenden Beschränkungen vorliegt; gegebenenfalls ist hierüber zu berichten. Es würde aber zunächst nur in Aussicht genommen werden können, den Hausierhändlern das Betreten sämtlicher klauenviehhaltender Gehöfte im Sperrbezirke zu verbieten.

**Zu § 168 Abs. 1 unter e.** Soweit bisher auf Grund des Erlasses vom 3. Januar 1911 (M. Bl. M. f. L. S. 21) für die Erhitzung der aus Sammelmolkereien abzugebenden Milch weitergehende Vorschriften getroffen waren, insbesondere soweit die Erhitzung für sämtliche Sammelmolkereien eines Bezirkes vorgeschrieben war, bin ich damit einverstanden, dass diese Vorschriften aufrecht erhalten werden und erteile hierzu meine Genehmigung (vgl. § 48 Abs. 1. V. G.)

**Zu § 168 Abs. 2.** Bei Gewährung von Erleichterungen nach Abs. 2 ist Vorsicht geboten. Es wird jedoch nicht immer nötig sein, die im Abs. 1 vorgesehenen Massnahmen regelmässig für den Seuchenort und für einen Umkreis von 15 km vorzuschreiben. Bei Seuchenausbrüchen in grösseren Städten oder in ihrer Nähe könnte ein solches Vorgehen zu unnötigen Härten führen. Daran ist aber jedenfalls festzuhalten, dass für das Beobachtungsgebiet die Anordnungen nach Abs. 1 getroffen werden müssen. Soweit hiervon Ausnahmen zugelassen werden sollen, ist meine Genehmigung einzuholen. Für die über das Beobachtungsgebiet hinausreichende Zone des Umkreises von 15 km werden die Regierungspräsidenten hiermit ermächtigt, Ausnahmen auf Grund des § 168 Abs. 2 nach eigenem Ermessen zuzulassen.

**Zu § 169.** Soll nach dieser Vorschrift die Absonderung der Tiere in den nicht verseuchten Gehöften des Sperrbezirkes vor dem in § 163 Abs. 4 vorgesehenen Zeitpunkt aufgehoben werden, so ist hierzu meine Genehmigung einzuholen. Die Beobachtungsbezirke werden zwar mitunter schon vor Ablauf dieser Frist verkleinert werden können, ihre Aufhebung sowie die Aufhebung der nach § 168 Abs. 1 für die Beobachtungsgebiete angeordneten Beschränkungen werden aber regelmässig ebenfalls erst zu dem in § 163 Abs. 4 bezeichneten Zeitpunkte zu erfolgen haben.

**Zu § 172 Abs. 3.** Darüber, ob die Tiere am Bestimmungsort Aufnahme finden können, hat die für diesen Ort zuständige Ortspolizeibehörde zu entscheiden. Sie ist nicht verpflichtet, die Tiere aufzunehmen, auch dann nicht ohne weiteres, wenn sich z. B. der Empfänger bereit erklärt, die Unterbringung in einem ihm gehörigen Stalle zu bewirken. Die Ortspolizeibehörde wird vielmehr nach pflichtmässigem Ermessen zu prüfen haben, ob die Aufnahme der Tiere im Interesse der Seuchenbekämpfung zweckmässig ist, und ob die Gefahr einer Seuchenverschleppung für den Bestimmungsort verhütet werden kann. Verneinendenfalls wird die Genehmigung zu versagen sein. Die Annahme zur Schlachtung wird in der Regel genehmigt werden können.

**Zu § 173 Abs. 2.** Ob der Abtrieb ansteckungsverdächtigen Schlachtviehs von Schlachtviehmärkten ohne vorherige Anfrage bei der Ortspolizeibehörde des Bestimmungsorts zugelassen werden kann, ist sorgfältig zu prüfen. Bei dieser Ausnahmevorschrift ist hauptsächlich an sogenannte rollende Sendungen gedacht, die bei Ausbruch der Maul- und Klauenseuche auf einem Viehmarkte zwar auf den Entladerampen schon eingetroffen, aber noch nicht entladen sind, und bei denen wegen des Personenverkehrs zwischen dem Entladeort und dem Markt Ansteckungsverdacht vorliegt, obwohl die Sendungen nicht auf den Markt selbst gelangt sind. Für solche Fälle werden in der Regel Erleichterungen in der Behandlung des ansteckungsverdächtigen Viehes zugestanden werden können. Im übrigen aber ist Vorsicht geboten.

**Zu § 177.** Ueber jeden Ausbruch von Lungenseuche und über jede Feststellung von Lungenseucheverdacht ist mir sofort zu berichten. Zur Feststellung des ersten Seuchenausbruchs in einem bisher seuchefreien Bestand ist der Departementstierarzt zuzuziehen. Hat die Zerlegung des Tieres stattgefunden (vgl. § 181) und ergibt die Zerlegung kein sicheres Ergebnis, so ist die Lunge mit einem ausführlichen Krankheits- und Zerlegungsbericht an das pathologische Institut der Tierärztlichen Hochschule in Berlin zu senden. Bis zum Eingange des Gutachtens des Instituts sind gegebenenfalls nur die bei Seuchenverdacht vorgeschriebenen Massnahmen zu treffen. Da die Lungenseuche bereits seit längerer Zeit in Deutschland erloschen ist, so müssen angebliche Feststellungen dieser Seuche in der Regel Zweifeln unterliegen. Deshalb wird sich die Einholung des Gutachtens des genannten Instituts bis auf weiteres regelmässig empfehlen.

**Zu § 201.** Von jedem Ausbruch der Pockenseuche und von jeder Feststellung des Pockenseucheverdachts ist mir sofort Anzeige zu erstatten.

**Zu § 247.** Ueber den Umfang der Untersuchungen von Schafbeständen sowie über die Erfolge des eingeschlagenen Heilverfahrens ist auch in Zukunft alljährlich bis zum 31. Januar nach den durch die Erlasse vom 21. April 1887 — I. 5291 —, vom 19. März 1904 — I. G. a. 816 — und vom 16. April 1910 (M. Bl. M. f. L. S. 118) vorgeschriebenen Mustern und unter Beachtung der Bestimmungen des Erlasses vom 19. März 1904 über die Ausfüllung der Muster zu berichten. Die Untersuchungen sind möglichst im Frühjahre vorzunehmen; soweit bisher schon Herbstuntersuchungen üblich sind, kann es dabei sein Bewenden behalten.

**Zu § 249.** Eine von der technischen Deputation für das Veterinärwesen aufgestellte Liste wirksam befundener Räudebäder ist durch Erlass vom 29. März 1903 — I. G. 431 — mitgeteilt. Es ist jedoch dem beamteten Tierarzt unbenommen, im Einzelfall auch andere Arzneimittel zur Herstellung der Bäder auszuwählen.

**Zu § 267 Abs. 4.** Von der hier vorgesehenen Erlaubnis der Ausfuhr ansteckungsverdächtiger fetter Schweine wird, sofern nicht im Einzelfalle besondere Bedenken vorliegen, regelmässig Gebrauch zu machen sein.

**Zu § 274.** Es wird besonders darauf hingewiesen, dass, wenn lediglich Ansteckungsverdacht von Schweineseuche in einem Gehöft vorliegt, veterinärpolizeiliche Massnahmen nicht anzuwenden sind.

**Zu § 287 Abs. 2.** Zur Zeit findet bereits eine staatliche Prüfung von Rotlaufserum und zwar zum Teil im Hygienischen Institut der Tierärztlichen Hochschule in Berlin, zum Teil im Institut für experimentelle Therapie in Frankfurt a. M. statt. Sofern dort geprüftes Serum verwendet ist, wird von der Abkürzung der Frist regelmässig Gebrauch zu machen sein.

**Zu § 300.** Es wird darauf hingewiesen, dass bei dem Verfahren zur Bekämpfung der Tuberkulose zu unterscheiden ist zwischen den Fällen, in denen der Viehbestand des Besitzers einem freiwilligen, staatlich anerkannten Tuberkulosetilgungsverfahren angeschlossen ist (§ 302), und den Fällen, in denen ausserhalb einer solchen Herde Tuberkulose festgestellt wird. Im letzteren Fall tritt nur der beamtete Tierarzt in Tätigkeit, und das Verfahren regelt sich nach den §§ 300ff. Im ersteren Falle kommen die Vorschriften des Anhangs B zu § 302 zur Anwendung, und der beamtete Tierarzt hat alsdann die ihm dort zugewiesenen Obliegenheiten auszuüben. Dies gilt aber nur für diejenigen Tuberkulosefälle und Tuberkuloseverdachtsfälle, die in den angeschlossenen Herden bei den regelmässigen Untersuchungen (vgl. Anhang B unter I, 1) ermittelt werden. Gelangen in solchen Herden Tuberkuloseverdachtsfälle unabhängig von den regelmässigen Untersuchungen zur Anzeige, so hat der beamtete Tierarzt zu verfahren wie bei einer dem Tilgungsverfahren nicht unterworfenen Herde.

**Zu § 301.** Die hier vorgeschriebene Untersuchung des Rindviehbestandes auf Tuberkulose bedarf nicht besonderer Beschleunigung. Sie ist möglichst gelegentlich anderer Dienstgeschäfte vorzunehmen.

**Zu § 302 Abs. 1.** Voraussetzung für die Anordnung der Tötung ist, dass der Rindviehbestand des Besitzers zur Zeit der Anordnung dem Tuberkulosetilgungsverfahren angeschlossen ist. Wann die Beitrittserklärung abgegeben ist, ist gleichgültig. Es ist danach nicht unzulässig, von der Tötungsbefugnis auch dann Gebrauch zu machen, wenn der Beitritt erst nach der Feststellung der Tuberkulose in dem Bestand erfolgt ist. Der Beitritt wird durch eine Bescheinigung der leitenden Stelle (vgl. Anhang B) nachzuweisen oder durch eine Anfrage bei ihr festzustellen sein. Als zum Bestande gehörig werden im Falle des § 302 Abs. 1 sämtliche Tiere anzusehen sein, die auf einem eine Wirtschaftseinheit bildenden Gute gehalten werden. Bestände auf Vorwerken werden danach dem Bestande regelmässig zuzurechnen sein, sofern nicht eine gänzlich getrennte Bewirtschaftung des Vorwerkes stattfindet. Ueber die staatliche Anerkennung des Tuberkulosetilgungsverfahrens in den einzelnen Provinzen wird demnächst Bestimmung getroffen werden. Es bleibt ferner vorbehalten, im Anschluss hieran die Liste der in § 300 Abs. 4 für die bakteriologische Untersuchung zugelassenen Institute zu ändern und zu ergänzen.

**Zu § 302 Abs. 2 u. 3.** Rindvieh, bei dem das Vorhandensein von Tuberkulose in hohem Grade wahrscheinlich ist, wird im Falle des § 302 Abs. 2 regelmässig zu töten sein, wenn nicht etwa besondere Bedenken dagegen vorliegen. Sofern jedoch anzunehmen ist, dass für die wegen hoher Wahrscheinlichkeit der Tuberkulose zu tötenden Tieres eines Bestandes nach Abzug der nach § 68 Abs. 2 V. G. anzurechnenden Beträge eine Entschädigung von mehr als 1000 M. zu zahlen sein wird, ist meine Genehmigung einzuholen. Zur Anordnung der Tötung von Kühen, bei denen das Vorhandensein von Eutertuberkulose festgestellt oder im hohen Grade wahrscheinlich ist, bedarf es in den Fällen, in denen die Tötung nicht im Zusammenhange mit einem staatlich anerkannten Tuberkulosetilgungsverfahren erfolgen soll, bis auf weiteres meiner Genehmigung.

**Zu § 305 Abs. 2 u. § 311 Abs. 4.** Dem Besitzer ist hier die Pflicht auferlegt, von verdächtigen Erscheinungen an Tieren, die schon wegen Verdachts der Tuberkulose unter veterinärpolizeiliche Sperrmassnahmen gestellt sind, Anzeige zu erstatten. Da eine derartige Anzeigepflicht aus § 9 des Viehseuchengesetzes nicht sicher hergeleitet werden kann, so wird im Falle von Zuwiderhandlungen des Besitzers gegen die ihm gemachte Auflage eine strafrechtliche Verfolgung zu unterbleiben haben. Die Vorschrift stellt sich nur als eine Auflage dar, die aus Zweckmässigkeitsgründen den Viehbesitzern gemacht werden soll.

**Zum Anhang zu Abschnitt II Nr. 3 (§ 138 Abs. 2 unter 6 b I).** Von der Entnahme einer zweiten Blutprobe bei ansteckungsverdächtigen Pferden ist nur dann abzusehen, wenn ausser allem Zweifel steht, dass die Ansteckungsgefahr länger als 14 Tage vor der Entnahme der ersten Blutprobe nicht mehr bestand. Erscheint dies nicht unbedingt sicher, so ist in jedem Fall eine zweite Blutprobe zu entnehmen. Eine Freigabe verdächtiger Pferde muss unter allen Umständen vermieden werden.

**Zu Anhang B zu Abschnitt II Nr. 12 (§ 302 Abs. 1) unter I, 1 Abs. 2.** Es ist nicht nötig, dass bei der bakteriologischen Untersuchung der Proben aus dem Gesamtgemelke der dem Verfahren angeschlossenen Kühe jede Mischprobe aus jedem einzelnen Bestande für sich untersucht wird. Dies würde namentlich dann, wenn viele kleine Bestände dem Verfahren unterworfen sind, eine erhebliche Verteuerung des Verfahrens zur Folge haben. Soweit dafür ein Bedürfnis vorliegt, kann entsprechend einer auch jetzt schon bei den Landwirtschaftskammern bestehenden Uebung zugelassen werden, dass die Proben mehrerer kleinerer Bestände vereinigt und gemeinschaftlich untersucht werden. Die Vereinigung der Proben kann schon bei der Einsendung geschehen, vorausgesetzt, dass eine Gewähr für eine zuverlässige Handhabung dieses Verfahrens gegeben erscheint, sie kann aber auch erst im bakteriologischen Institute selbst erfolgen. Zu beachten ist jedenfalls, dass nicht die Milch zu vieler Kühe gemeinschaftlich untersucht wird, da sonst die Feststellung der tuberkulösen Tiere erschwert wird, sowie ferner, dass die Bestände, deren Milch gemeinschaftlich untersucht wird, örtlich so untergebracht sind, dass eine gemeinsame klinische Untersuchung der

Bestände leicht durchführbar ist. Die Gesamtzahl der Kühe, deren Milch zu einer Mischprobe vereinigt wird, wird auf nicht mehr als 100 zu bemessen sein. Die Probe aus dem Gesamtgemelk eines Bestandes kann statt von dem Besitzer auch von der Molkerei, an die der Besitzer angeschlossen ist, entnommen werden. Ebenso kann hier die etwa zugelassene Vereinigung der gemeinschaftlich zu untersuchenden Milchproben kleinerer Bestände erfolgen. Nähere Anweisungen hierüber werden die das Verfahren leitenden Stellen zu erlassen haben.

**Zu Anhang B zu Abschnitt II Nr. 12 (§ 302 Abs. 1) unter II, 1.** Nach der hier gegebenen Vorschrift soll bei Feststellung des Tuberkuloseverdachts durch den untersuchenden Tierarzt der beamtete Tierarzt vor Anordnung der veterinärpolizeilichen Massnahmen eine Untersuchung der verdächtigen Tiere vornehmen. Es wird darauf hingewiesen, dass diese Untersuchungen nicht dringlicher Natur sind, und dass sie daher möglichst gelegentlich anderer Dienstgeschäfte zu erledigen sind. Hierauf ist — auch im Interesse der Verminderung der Reisekosten — zu achten.

**Zu Anhang B zu Abschnitt II Nr. 12 (§ 302 Abs. 1) unter III Abs. 2.** Die Zuziehung des Tierarztes, der die erste Untersuchung ausgeführt hat, zu der Nachuntersuchung ist zwar nur für den Fall vorgeschrieben, wenn ein beamteter Tierarzt die Untersuchung ausgeführt hat. Es erscheint jedoch zweckmässig, dass in derselben Weise verfahren wird, wenn ein anderer, nicht beamteter Tierarzt die Tiere klinisch untersucht hat.

**Zu Anlage C (Anweisung für die unschädliche Beseitigung von Kadavern und Kadaverteilen) § 4 Abs. 3.** Als nicht beamtete Tierärzte im Sinne dieser Vorschrift sind auch diejenigen beamteten Tierärzte anzusehen, die nicht in ihrer amtlichen Eigenschaft, sondern ausserhalb ihres Amtsbezirkes oder bei Ausübung ihrer Privatpraxis von den hier den Tierärzten eingeräumten Befugnissen Gebrauch machen wollen.

## Schlussbestimmungen.

Dieser Erlass ist gleichzeitig mit der V. A. V. G. zur Kenntnis der nachgeordneten Behörden zu bringen. Die nötige Zahl von Abdrucken ist beigefügt. Den in dem Erlass erforderlichen Berichten will ich binnen 6 Monaten nach Inkrafttreten des Gesetzes entgegensehen. Die in den einzelnen Bezirken zurzeit bestehenden landespolizeilichen Anordnungen sind mit Rücksicht auf die neue Gesetzgebung einer Durchsicht und sorgfältigen Prüfung auf ihre Rechtsgültigkeit und unter Beachtung vorstehender Anleitung auch auf ihre Zweckmässigkeit zu unterziehen. Hierbei kann davon ausgegangen werden, dass die Anordnungen insofern ihre Gültigkeit nicht verloren haben, als sie materiell auch in dem neuen Gesetz ihre Stütze finden. Da das neue Gesetz die Befugnisse der Veterinärpolizeibehörden im wesentlichen nicht einschränkt, sondern erweitert, werden im allgemeinen die Anordnungen materiell als gültig angesehen werden können. In formeller Hinsicht wird es genügen, wenn die Anordnungen den Vorschriften entsprechen, die zur Zeit ihres Erlasses massgebend waren, so dass also eine vor dem Inkrafttreten des V. G. erlassene Anordnung nicht deshalb ihre Gültigkeit verliert, weil sie in formeller Hinsicht nicht den Anforderungen des § 3 A. G. entspricht. Zu beachten ist ferner, ob in sämtlichen Fällen, wo in der V. A. V. G. meine Genehmigung für die Anordnungen vorgeschrieben ist, diese Genehmigung erteilt ist; gegebenenfalls ist wegen Einholung zu berichten. Soweit endlich mit meiner Genehmigung Anordnungen erlassen worden sind, die über die Vorschriften der V. A. V. G. hinausgehen, ermächtige ich Eure . . . . . . . . . auf Grund des § 79 Abs. 2 V. G., die Anordnungen bis auf weiteres aufrecht zu erhalten. Erscheint nach der hiernach vorzunehmenden Prüfung die Rechtsgültigkeit der bestehenden Anordnungen unzweifelhaft, so ist der Erlass neuer Anordnungen nicht nötig, soweit es sich nur um Vorschriften von vorübergehender Dauer, namentlich um Vorschriften zur Bekämpfung eines einzelnen Seuchenfalles handelt. Dagegen sind alle Anordnungen, deren Geltung für längere Zeit berechnet ist, baldigst umzuarbeiten, und sie sind auch in formeller Hinsicht den Anforderungen der neuen Gesetzgebung anzupassen. Soweit sich Zweifel darüber ergeben, ob solche für längere Dauer bestimmten Anordnungen nach den Vorschriften des neuen Gesetzes zulässig sind, ist zu berichten.

Eure . . . . . . . . . wollen danach das Erforderliche veranlassen und hierüber ebenfalls binnen 6 Monaten nach dem Inkrafttreten des Gesetzes berichten.

Von allen neu erlassenen viehseuchenpolizeilichen Anordnungen, einschliesslich der zur Abwehr der Einschleppung aus dem Auslande bestimmten, sind auch in Zukunft 3 Abdrucke einzureichen. Eines besonderen Begleichtberichtes bedarf es nicht, soweit nicht besondere Ausführungen zu machen sind. Ein blosser Hinweis auf einen Vorgang kann ohne weitere Förmlichkeiten auf einem Umschlag gemacht werden (vgl. auch unter Abschnitt I zu § 8 V. G.).

---

## 5. Ausführungsvorschriften zum Gesetz, betr. Beseitigung von Tierkadavern.

Vom 1. Mai 1912.

Auf Grund des § 4 des Reichsgesetzes, betreffend die Beseitigung von Tierkadavern, vom 17. Juni 1911 (Reichs-Gesetzbl. S. 248) wird hierdurch folgendes bestimmt:

§ 1. Die Vorschriften des Gesetzes und die Ausführungsbestimmungen des Bundesrats sowie die nachstehenden Vorschriften finden auch Anwendung auf die Kadaver gefallener oder getöteter Hunde und Katzen sowie totgeborener Pferde, Esel, Maultiere, Maulesel und totgeborener Tiere des Rindergeschlechts.

§ 2. Inwieweit und in welcher Weise eine Verwertung von Kadavern und Kadaverteilen zulässig ist, richtet sich nach den vom Bundesrate hierüber erlassenen Ausführungsbestimmungen von 28. März 1912 Reichs-Gesetzbl. S. 230). Eine Verwendung von Kadaverfleisch als Futtermittel für Tiere im eigenen Wirtschaftsbetriebe des Besitzers darf, sofern es sich um Kadaver handelt, auf die sich die Anzeigepflicht nach § 4 dieser Ausführungsvorschriften erstreckt, nur mit Genehmigung der Ortspolizeibehörde und nur unter der Bedingung erfolgen, dass das Fleisch vor der Verwendung derart gekocht wird, dass es auch in den innersten Schichten grau oder grauweiss verfärbt ist und der von frischen Schnittflächen abfliessende Saft eine rötliche Farbe nicht mehr besitzt. Von dem Kochzwange können durch Anordnung oder mit Ermächtigung des Regierungspräsidenten Ausnahmen zugelassen werden. Die in den Bundesratsbestimmungen der höheren Polizeibehörde vorbehaltene Entscheidung über die Verwendung von Kadaverfleisch ausserhalb des eigenen Wirtschaftsbetriebes steht dem Regierungspräsidenten zu.

§ 3. Die unschädlich zu beseitigenden Kadaver und Kadaverteile sind bis zur Beseitigung von dem

Besitzer so aufzubewahren, dass Vieh mit ihnen nicht in Berührung kommen kann. Soweit nicht die Beseitigung durch hohe Hitzgrade oder auf chemischem Wege bis zur Auflösung der Weichteile geschieht, und soweit nicht das Vergraben oder Verbrennen auf Wasenplätzen vorgeschrieben ist (vgl. §§ 9, 15), hat der Besitzer die Kadaver und Kadaverteile spätestens am Tage nach dem Fallen, der Tötung oder der Totgeburt der Tiere an geeigneten Stellen zu vergraben. Für die Auswahl der Plätze und für die Durchführung des Vergrabens sind die Vorschriften des § 3 Abs. 2, 4 der Anweisung für die unschädliche Beseitigung von Kadavern und Kadaverteilen (Anlage C zur viehseuchenpolizeilichen Anordnung des Ministers für Landwirtschaft, Domänen und Forsten vom 1. Mai 1912 massgebend, Eine Einfriedigung der Plätze kann unterbleiben. Die Ortspolizeibehörden haben die Innehaltung dieser Vorschriften in geeigneter Weise zu überwachen.

§ 4. Von jeder nicht zu Schlachtzwecken bewirkten Tötung und von jedem Fallen von Pferden, Eseln, Maultieren, Mauleseln, Tieren des Rindergeschlechts, Schweinen, Schafen und Ziegen — ausgenommen Saugferkel, Schaf- und Ziegenlämmer unter sechs Wochen sowie Einhuferfohlen und Kälber unter drei Wochen — hat der Besitzer spätestens am Tage nach dem Tode des Tieres dem Gemeinde- (Guts-) Vorsteher Anzeige zu erstatten. (Vgl. auch § 18 Abs. 4.) Die gleiche Pflicht hat, wer in Vertretung des Besitzer der Wirtschaft vorsteht, wer mit der Aufsicht über Vieh an Stelle des Besitzers beauftragt ist, wer als Hirt, Schäfer (Senne) entweder Vieh von mehreren Besitzern oder solches Vieh eines Besitzers, das sich seit mehr als 24 Stunden ausserhalb der Feldmark des Wirtschaftsbetriebes des Besitzers befindet, in Obhut hat, ferner für die auf dem Transporte befindlichen Tiere deren Begleiter und für die in fremdem Gewahrsam befindlichen Tiere der Besitzer der betreffenden Gehöfte, Stallungen, Koppeln oder Weideflächen. Die Anzeigepflicht erlischt, wenn die Anzeige rechtzeitig von einem anderen Verpflichteten erstattet worden ist. Einer Anzeige bedarf es nicht, wenn Vieh auf polizeiliche Anordnung getötet worden ist.

§ 5. Die Gemeinde- (Guts-) Vorsteher haben auf die ihnen erstattete Anzeige oder wenn sie sonst Kenntnis von dem Vorhandensein von Kadavern oder Kadaverteilen erhalten haben, auf die sich die Anzeigepflicht erstreckt (§ 4), für deren unschädliche Beseitigung nach Massgabe der §§ 12 bis 14 Sorge zu tragen, sofern es sich um Kadaver oder Kadaverteile handelt, die auf dem Wasenplatz unschädlich zu beseitigen sind (vgl. im übrigen § 3 Abs. 4, § 20 Abs. 2). Soll die unschädliche Beseitigung in einer Abdeckerei erfolgen, so ist diese alsbald zu benachrichtigen, es sei denn, dass es bereits durch den Besitzer geschehen ist.

§ 6. Die Gemeinde- (Guts-) Vorsteher haben über die ihnen erstatteten Anzeigen Buch zu führen. Aus dem Buche muss, sofern nicht in der Abdeckerei oder auf dem Wasenplatze (§ 13) Buch geführt wird, zugleich die weitere Behandlung der Kadaver, insbesondere der Tag der Einlieferung und der Tag der unschädlichen Beseitigung ersichtlich sein. Das Buch ist auf Verlangen dem beamteten Tierarzte zur Einsicht vorzulegen. Der Landrat ist befugt, die Vorsteher kleinerer ländlicher Gemeinden und Gutsbezirke von dem Buchführungszwange zu befreien.

§ 7. Soweit nicht für die unschädliche Beseitigung der Kadaver und Kadaverteile Abdeckereien gemäss § 18 zur Verfügung stehen, hat jede Gemeinde und jeder Gutsbezirk einen öffentlichen Wasenplatz in geeigneter Lage und von angemessener Grösse bereitzustellen. In besonderen Fällen können für mehrere Gemeinden oder Gutsbezirke gemeinschaftliche Wasenplätze angelegt werden. Auch kann der Landrat, in Stadtkreisen die Ortspolizeibehörde, die Anlage von Wasenplätzen für Teile von Gemeinden gestatten. Den Stadtkreisen stehen hier wie in allen anderen Fällen, wo in diesen Vorschriften von Stadtkreisen die Rede ist, die im § 27 Abs. 1 der Kreisordnung für die Provinz Hannover vom 6. Mai 1884 (Gesetzsamml. S. 181) bezeichneten Städte, soweit sie nicht in Abs. 2 daselbst ausgenommen sind, gleich.

§ 8. Bei Anlage und Einrichtung der Wasenplätze (§ 7) sind die Vorschriften der §§ 57, 73 Abs. 1 V. A. V. G. und des § 3 Abs. 2 der Anlage C hierzu, ferner, soweit auf dem Wasenplatze Räume zur Abhäutung, Zerlegung und Weiterverarbeitung von Tierkörpern vorhanden sind, auch die Vorschriften der §§ 58, 59, 72 V. A. V. G. zu beachten. Inwieweit die Bestimmungen des § 60 V. A. V. G. Platz greifen, bestimmt der Regierungspräsident oder mit seiner Genehmigung der Landrat. Ob ein Platz als geeignet anzusehen ist, entscheidet der Landrat, in Stadtkreisen die Ortspolizeibehörde.

§ 9. Soweit Wasenplätze zur Verfügung gestellt sind und soweit nicht der Viehbesitzer die unschädliche Beseitigung in einer Abdeckerei bewirkt, sind sämtliche

Kadaver und Kadaverteile, auf die sich die Anzeigepflicht erstreckt, und für die eine anderweitige Verwertung nicht zugelassen ist, auf den Wasenplätzen zu vergraben (vgl. jedoch § 15). Den Viehbesitzern ist gestattet, auf den Wasenplätzen auch diejenigen unschädlich zu beseitigenden Kadaver und Kadaverteile zu vergraben, für die eine Anzeigepflicht nicht besteht.

§ 10. Für das Vergraben, für die Art der Benutzung der Wasenplätze sowie für die Oeffnung und Wiederbenutzung der Gruben gelten die Vorschriften der §§ 66, 67 Abs. 1, 73 V. A. V. G. und dès § 3 Abs. 2, 4, 5 der Anlage C hierzu. Auf den Wasenplätzen ist eine besondere Abteilung für die mit Milzbrand behafteten oder dieser Seuche verdächtigen Kadaver einzurichten.

§ 11. In den Gemeinden und Gutsbezirken, für die Wasenplätze eingerichtet sind, darf das Abhäuten und Zerlegen der auf den Wasenplätzen zu vergrabenden Kadaver nur auf diesen Plätzen stattfinden. Ausnahmen unterliegen der Genehmigung des Landrats, in Stadtkreisen der Ortspolizeibehörde.

§ 12. Das Vergraben liegt, sofern es nicht durch besondere Beauftragte der Gemeinden oder Gutsbesitzer geschieht, dem Viehbesitzer oder seinem Vertreter ob. Die vorschriftsmässige Ausführung des Vergrabens durch den Besitzer oder dessen Vertreter ist von dem Gemeinde-(Guts-) Vorsteher in geeigneter Weise zu überwachen.

§ 13. Der Regierungspräsident kann anordnen, dass für Wasenplätze Wasenmeister anzustellen sind, die für dic ordnungsmässige Instandhaltung des Wasenplatzes und für die Beachtung der Betriebsvorschriften, insbesondere der Bestimmungen über das Vergraben, Sorge zu tragen haben. Der Wasenmeister hat nach Massgabe der Vorschriften des § 76 V. A. V. G. Buch zu führen; auch können ihm die nach § 6 dem Gemeinde-(Guts-)Vorsteher obliegenden Verpflichtungen übertragen werden.

§ 14. Bei dem Hinschaffen der Kadaver und Kadaverteile nach den Verscharrungsplätzen sind die Vorschriften der §§ 65, 71 V. A. V. G. tunlichst zu beachten. Die danach etwa erforderlichen Fahrzeuge und Gerätschaften haben die Gemeinden oder der Gutsbesitzer zur Verfügung zu stellen. Das Hinschaffen der Kadaver liegt dem Viehbesitzer ob. Dieser hat die Kadaver spätestens binnen 2 Tagen nach dem Fallen oder der Tötung dem Verscharrungsplatze zuzuführen. Die rechtzeitige Erfüllung dieser Verpflichtung ist vom Gemeinde- (Guts-) Vorsteher zu überwachen. Die Gemeinde oder der Gutsbesitzer sind befugt, die Beförderung selbst zu übernehmen oder sie einem Unternehmer zu übertragen. In diesem Falle hat der Gemeinde- (Guts-) Vorsteher nach Eingang der Anzeige für die alsbaldige Abholung der Kadaver Sorge zu tragen.

§ 15. In Gegenden, wo wegen besonderer örtlicher Verhältnisse, namentlich wegen zu hohen Grundwasserstandes, das Vergraben der auf den Wasenplätzen zu beseitigenden Kadaver unzweckmässig erscheint, hat nach näherer Bestimmung des Landrats, in Stadtkreisen der Ortspolizeibehörde, die unschädliche Beseitigung der Kadaver und Kadaverteile durch Verbrennen auf diesen Plätzen stattzufinden. Die nötigen Vorrichtungen sind von der Gemeinde oder dem Gutsbesitzer zur Verfügung zu stellen. Wegen der Einrichtung der Wasenplätze und des Betriebes finden die Vorschriften der §§ 7ff. sinngemäss Anwendung.

§ 16. Bei Kadavern, deren Besitzer unbekannt ist, liegen die in den §§ 3, 12, 13, 14, 15 dem Viehbesitzer auferlegten Verpflichtungen der Gemeinde oder dem Gutsbesitzer ob, in deren Bezirk sich der Kadaver befindet.

§ 17. Wegen der Erhebung von Gebühren für die Einrichtung und Benutzung des Wasenplatzes sowie für das Hinschaffen und Verscharren oder Verbrennen der Kadaver oder Kadaverteile gelten die Vorschriften der §§ 4ff. des Kommunalabgabengesetzes vom 14. Juli 1893 (Gesetzsamml. S. 152).

§ 18. Der Bereitstellung von Wasenplätzen bedarf es nicht:

1. wenn die Gemeinde oder der Gutsbesitzer oder ein grösserer kommunaler Verband selbst eine Abdeckerei zum Zwecke der unschädlichen Beseitigung sämtlicher für die Beseitigung auf Wasenplätzen in Betracht kommenden Kadaver eingerichtet hat;

2. wenn die Gemeinde oder der Gutsbesitzer nachweist, dass er mit einer den Vorschriften der §§ 57ff V. A. V. G. entsprechenden Abdeckerei ein Abkommen getroffen hat, wonach die Abdeckerei die unschädliche Beseitigung sämtlicher für eine solche Beseitigung auf Wasenplätzen in Betracht kommenden Kadaver und Kadaverteile übernimmt;

3. wenn für die Gemeinde oder den Gutsbezirk eine privilegierte Abdeckerei besteht, die zur unschädlichen Beseitigung der sämtlichen Kadaver und Kadaverteile gleicher Art durch ihr Privileg oder durch besonderes Abkommen verpflichtet ist,

und wenn ausserdem in den Fällen zu 1 und 2 die Ablieferung sämtlicher Kadaver und Kadaverteile, auf die sich die Anzeigepflicht erstreckt, im Falle zu 3 die Ablieferung der dem Abdeckereiprivileg nicht unterliegenden Kadaver und Kadaverteile gleicher Art an die Abdeckerei durch Polizeiverordnung sichergestellt ist. In den in Abs. 1 Nr. 2, 3 erwähnten Abmachungen muss auch die Frage der Abholung der Kadaver geregelt sein. Ob die Voraussetzungen zu Abs. 1 Nr. 1 bis 3 vorliegen, entscheidet der Landrat, in Stadtkreisen der Regierungspräsident. Der Regierungspräsident kann bestimmen, dass in diesen Fällen die Anzeige statt an die Gemeinde-(Guts-) Vorsteher unmittelbar an die Abdeckerei zu richten ist.

§ 19. Bestehen jetzt schon weitergehende Vorschriften, sind insbesondere die Anzeigepflicht und die Beseitigung in Wasenplätzen schon für andere als die nach § 4 davon betroffenen Tiere, Tierarten und Altersklassen angeordnet, so werden die Regierungspräsidenten ermächtigt, dies durch entsprechende Anordnungen auch für die Zukunft aufrecht zu erhalten. Im übrigen bedürfen weitergehende Vorschriften der Genehmigung des Ministers für Landwirtschaft, Domänen und Forsten.

§ 20. Soweit Wasenplätze noch nicht bestehen, ist für die Bereitstellung solcher Plätze von dem Regierungspräsidenten eine angemessene Frist bis zu 1 Jahre vom Inkrafttreten des Gesetzes ab zu gewähren. Falls Verhandlungen über die Errichtung von Gemeinde-(Guts-)Abdeckereien oder von Abdeckereien grösserer kommunaler Verbände gemäss § 18 Abs. 1 schweben, kann die Frist für die Bereitstellung der Wasenplätze höchstens um weitere 2 Jahre verlängert werden. Ist bis zum Ablauf dieser Frist mit der Einrichtung der Abdeckerei begonnen oder ist der baldige Beginn einer solchen nach Lage der Verhältnisse als sichergestellt anzusehen, so ist von der Bereitstellung von Wasenplätzen abzusehen, vorausgesetzt, dass innerhalb einer weiteren, von dem Regierungspräsidenten zu bestimmenden Frist die Anlage vollendet wird. Bis zur Bereitstellung von Wasenplätzen sind die nach vorstehenden Vorschriften auf diesen Plätzen zu verscharrenden oder zu verbrennenden Kadaver nach Massgabe der Bestimmungen im § 3 von dem Besitzer unschädlich zu beseitigen. Soweit ein Vergraben von Kadavern erfolgt, die der Anzeigepflicht unterliegen, sind jedoch die Vergrabungsplätze nach der Vorschrift im § 3 Abs. 2 der Anlage C zur V. A. V. G. einzufriedigen.

# 6. Viehseuchenpolizeiliche Anordnung des Ministers für Landwirtschaft, Domänen und Forsten, betr. Bekämpfung der Influenza der Pferde.

Vom 17. Juli 1912.

Zum Schutze gegen die Influenza der Pferde (Brustseuche und Rotlaufseuche oder Pferdestaupe) wird auf Grund der §§ 18 ff. des Viehseuchengesetzes vom 26. Juni 1909 (Reichs-Gesetzbl. S. 519) gemäss § 79, Abs. 2 daselbst folgendes angeordnet:

## I. Vorläufige Massregeln und Ermittelungen.

§ 1. (1) Ist der Ausbruch der Influenza oder der Verdacht dieser Seuche festgestellt, so haben die Ortspolizeibehörde und der beamtete Tierarzt sobald als möglich Ermittelungen darüber anzustellen, wie lange die verdächtigen Erscheinungen schon bestanden haben, ob, an wen und wohin seit dem vermutlichen Bestehen der Seuche oder der verdächtigen Erscheinungen Pferde aus dem Bestande verkauft oder sonst weggegeben worden sind, ferner, ob die kranken oder der Seuche verdächtigen Pferde in den letzten 14 Tagen vor dem ersten Auftreten der Krankheitserscheinungen mit anderen Pferden in Berührung gekommen sind, ob sie neu eingestellt und gegebenenfalls in wessen Besitze sie gewesen sind.

(2) Nach dem Ergebnisse dieser Ermittelungen sind die erforderlichen Massregeln ohne Verzug zu treffen und nötigenfalls die beteiligten Ortspolizeibehörden in Kenntnis zu setzen.

§ 2. Stellt der beamtete Tierarzt den Ausbruch der Influenza oder den Verdacht der Seuche in Abwesenheit der Ortspolizeibehörde fest, so kann er die sofortige vorläufige Einsperrung und Absonderung (§ 19 Abs. 1,[4] des Gesetzes der kranken und der seuchenverdächtigen Pferde anordnen. Die getroffenen vorläufigen Anordnungen sind dem Besitzer der Pferde oder dessen Vertreter entweder zu Protokoll oder durch schriftliche Verfügung zu eröffnen, auch ist davon der Ortspolizeibehörde unverzüglich Mitteilung zu machen.

§ 3. Der Landrat, in Stadtkreisen sowie in den selbständigen Städten der Provinz Hannover die Ortspolizeibehörde, hat von jedem ersten Seuchenausbruch in einer Ortschaft sowie von dem Erlöschen der Seuche dem Generalkommando desjenigen Armeekorps sowie dem Vorstande desjenigen Landgestüts, in dessen Bezirke der Seuchenort liegt, ferner sämtlichen für den Seuchenort in Betracht kommenden Beschälstationen und Hengsthaltereien sofort schriftlich Mitteilung zu machen. Ist der Seuchenort ein Truppenstandort, so ist die Mitteilung auch dem Gouverneur, Kommandanten oder Garnisonältesten zu machen. In den Mitteilungen an die Militärbehörden ist anzugeben, ob Brustseuche oder Rotlaufseuche (Pferdestaupe) vorliegt.

## II. Schutzmassregeln.

### Verfahren nach Feststellung der Seuche oder des Seuchenverdachts.

§ 4. (1) Der Ausbruch der Influenza ist von der Ortspolizeibehörde auf ortsübliche Weise und in dem für ihre amtlichen Veröffentlichungen bestimmten Blatte bekanntzumachen.

(2) Die Ortspolizeibehörde hat ausserdem jeden in ihrem Bezirke festgestellten ersten Ausbruch der Influenza den örtlichen Polizeiverwaltungen aller dem Seuchenorte benachbarten Gemeinden unverzüglich mitzuteilen; diese haben den Seuchenausbruch in ihrem Bezirk ortsüblich bekanntzumachen.

(3) Am Haupteingange des Seuchengehöfts oder an einer anderen geeigneten Stelle und an dem Eingange des verseuchten Stalles oder sonstigen Standortes sind Tafeln mit der deutlichen und haltbaren Aufschrift „Pferde-Influenza“ leicht sichtbar anzubringen.

§ 5. (1) Die kranken und die der Seuche verdächtigen Pferde sind, soweit dies nach den wirtschaftlichen Verhältnissen möglich ist, von den gesunden Pferden abzusondern.

(2) Auf der Weide untergebrachte kranke und seuchenverdächtige Pferde sind in der Regel aufzustallen.

(3) Das Gehöft, in dem sich solche Pferde befinden, ist mit den in den §§ 6—10 angegebenen Wirkungen abzusperren.

§ 6. Die Räumlichkeiten, in denen sich die kranken oder die seuchenverdächtigen Pferde befinden, dürfen, abgesehen von Notfällen, ohne ortspolizeiliche Genehmigung nur von dem Besitzer der Tiere oder der Räumlichkeiten, von dessen Vertreter, von den mit der Beaufsichtigung, Wartung und Pflege der Tiere betrauten Personen und von Tierärzten betreten werden.

§ 7. (1) Die kranken und die seuchenverdächtigen Pferde dürfen aus dem Gehöfte nur mit ortspolizeilicher Erlaubnis entfernt werden. Die Genehmigung darf nur unter der Bedingung erteilt werden, dass jede unmittelbare oder mittelbare Berührung mit gesunden Pferden vermieden wird.

(2) Wird die Genehmigung zur Ueberführung der Pferde in einen anderen Polizeibezirk erteilt, so ist die Ortspolizeibehörde des Bestimmungsorts rechtzeitig von dem bevorstehenden Eintreffen der Tiere unter Mitteilung der Sachlage in Kenntnis zu setzen. Die Absperrungsmassregeln sind an dem neuen Standorte fortzusetzen.

§ 8. Die Einfuhr von Pferden in das Seuchengehöft und der Zutritt fremder Pferde zu diesem sind verboten. Der Besitzer hat für die Innehaltung dieses Verbots durch geeignete Massregeln zu sorgen. Ausnahmsweise kann das Verbot auf die von den kranken und den seuchenverdächtigen Pferden benutzten Teile des Gehöfts beschränkt werden, wenn dies nach dem Gutachten des beamteten Tierarztes ohne besondere Gefahr der Seuchenverschleppung zulässig erscheint.

§ 9. (1) Unbeschadet der Vorschrift im § 7 dürfen Pferde aus dem verseuchten Gehöft in fremde Gehöfte nicht eingestellt werden; auch dürfen von ihnen fremde Futterkrippen, Tränkeimer oder Gerätschaften nicht benutzt werden.

(2) Ferner kann angeordnet werden, dass die mit Pferden aus einem verseuchten Gehöfte bespannten Fuhrwerke eine an leicht sichtbarer Stelle anzubringende Tafel mit der deutlichen und haltbaren Aufschrift „Pferde-Influenza“ zu führen haben.

§ 10. (1) Der Dünger aus den verseuchten Stallungen darf aus dem Gehöfte nur nach vorheriger Packung oder nur unter der Bedingung entfernt werden, dass die Abfuhr mit durchgeseuchten Pferden oder mit Rindergespannen und in der Weise erfolgt, dass hierbei jede Berührung mit anderen Pferden ausgeschlossen ist. Nicht gepackter Dünger ist unmittelbar nach der Abfuhr entweder auf dem Felde oder an einem sonstigen geeigneten Platze zu packen oder sofort unterzupflügen.

(2) Für die Packung gelten die Vorschriften in § 14 Abs. 1 der Anlage A zur Viehseuchenpolizeilichen Anordnung vom 1. Mai 1912 (Reichs- und Staatsanzeiger Nr. 105 vom selben Tage).

### III. Desinfektion.

§ 11. (1) Die Stallungen oder sonstigen Standorte der seuchenkranken oder der seuchenverdächtigen Tiere sind zu desinfizieren. Die Desinfektion hat nach dem Ermessen des beamteten Tierarztes bestimmte Stallabteilungen oder den ganzen Stall zu umfassen. Ebenso sind die Ausrüstungs-, Gebrauchs- sowie sonstigen Gegenstände, die mit kranken oder seuchenverdächtigen Pferden, deren Ausscheidungen, Kadavern oder Kadaverteilen oder Abfällen in Berührung gekommen sind, oder von denen sonst anzunehmen ist, dass sie den Ansteckungsstoff enthalten, zu desinfizieren.

(2) Die Desinfektion erfolgt nach den Vorschriften in Anlage A zur Viehseuchenpolizeilichen Anordnung vom 1. Mai 1912. Für die Auswahl und die Art der Verwendung der Desinfektionsmittel gelten die Bestimmungen des § 13 daselbst. Dünger ist nach den Vorschriften des § 14 Abs. 1 unter 1 der bezeichneten Anlage A im Gehöfte zu packen oder unter Beobachtung der Vorschriften im § 10 über die Abfuhr ungepackten Düngers abzufahren und unmittelbar nach der Abfuhr entweder auf dem Felde oder an einem sonstigen geeigneten Platze zu packen oder sofort unterzupflügen.

### IV. Aufhebung der Schutzmassregeln.

§ 12. (1) Die Seuche gilt als erloschen und die angeordneten Schutzmassregeln sind aufzuheben, wenn a) der ganze Bestand gefallen, getötet oder entfernt worden ist, oder b) binnen fünf Wochen nach Beseitigung oder Genesung der kranken und der seuchenverdächtigen Tiere eine Neuerkrankung nicht vorgekommen und c) in beiden Fällen die Desinfektion vorschriftsmässig erfolgt ist.

(2) Das Erlöschen der Seuche ist öffentlich bekanntzumachen.

---

## 7. Verordnung betr. veterinärpolizeiliche Behandlung eigener Pferde von Militärpersonen.

Vom 19. Mai 1909. (Min.-Bl. f. Landw. S. 230.)

Nach § 3 Abs. 1 des Viehseuchengesetzes vom 23. Juni 1880 1. Mai 1894 bleiben rücksichtlich der Pferde und Proviantttiere, die der Militärverwaltung angehören, die Massregeln zur Ermittelung und

Unterdrückung von Seuchen, soweit davon nur das Eigentum dieser Verwaltung betroffen wird, den Militärbehörden überlassen. Innerhalb dieser Grenzen werden auch die im Viehseuchengesetze den beamteten Tierärzten obliegenden Amtsverichtungen nicht von den beamteten Ziviltierärzten, sondern von den Militärveterinären wahrgenommen.

Diese Ausnahmevorschrift bezieht sich nicht auf die im Eigentum von Militärpersonen stehenden Pferde und zwar auch dann nicht, wenn sie sich zusammen mit Pferden der Militärverwaltung in Truppenstallungen befinden oder gleichzeitig mit solchen Pferden ausserhalb von Truppenstallungen auf Grund des Naturalleistungsgesetzes untergebracht sind. Für diese eigenen Pferde von Militärpersonen greift in veterinärpolizeilicher Hinsicht die allgemeine Zuständigkeit sowohl der ordentlichen Polizeibehörden als auch der beamteten Tierärzte Platz. In der allgemeinen Zuständigkeit der ordentlichen Polizeibehörden ist eine Aenderung zugunsten erweiterter Befugnisse der Militärbehörden über die Vorschrift in § 3 Abs. 1 des Viehseuchengesetzes hinaus unzulässig. Dagegen können nach § 2 Abs. 2 dieses Gesetzes an Stelle der beamteten Tierärzte im Falle ihrer Behinderung oder aus sonstigen dringenden Gründen andere approbierte Tierärzte zugezogen werden, die alsdann innerhalb des ihnen erteilten Auftrages die Amtsverrichtungen der zuständigen beamteten Tierärzte nach Massgabe des Gesetzes wahrzunehmen haben.

Im Hinblick darauf, dass eine einheitliche tierärztliche Begutachtung aller Seuchenfälle und der dagegen zu ergreifenden Massregeln innerhalb von Truppenstallungen oder von solchen Räumlichkeiten erwünscht erscheint, in denen eigene Pferde von Militärpersonen zusammen mit Dienstpferden auf Grund des Naturalleistungsgesetzes untergebracht sind, bestimme ich auf Grund des § 2 Abs. 3 a. a. O. im Einverständnisse mit dem Herrn Kriegsminister folgendes:

Für alle nach dem Viehseuchengesetze den beamteten Tierärzten obliegenden Amtsverrichtungen sind, soweit es sich um eigene Pferde von Militärpersonen handelt, die in mit Dienstpferden belegten Truppenstallungen untergebracht sind, anstelle der beamteten Ziviltierärzte von den Polizeibehörden die zuständigen Militärveterinäre zuzuziehen. Nach deren Gutachten haben die Polizeibehörden dem Gesetze gemäss das Weitere unter Beachtung der nach § 3 des Viehseuchengesetzes der Militärverwaltung zustehenden Befugnisse zu veranlassen. Die Bestimmung des zuständigen Militärveterinärs erfolgt im einzelnen Falle durch den für die Truppenstallung zuständigen Regiments usw. -Kommandeur. Die Militärpersonen werden angewiesen werden, bei den von ihnen der Polizeibehörde zu erstattenden Anzeigen (vgl. § 9 Nr. 5 der Seuchenvorschrift, Anhang II zur Militär-Veterinärordnung vom 28. Juni 1906) die hiernach zur Bestimmung des Militärveterinärs zuständige Militärbehörde zu bezeichnen. Von dieser Militärbehörde wird auf Ersuchen der Polizeibehörde die erforderliche Zuziehung des Militärveterinärs veranlasst und hiervon unter Benennung des Militärveterinärs der Polizeibehörde unverzüglich Nachricht gegeben werden. Gleichzeitig werden die bereits getroffenen Massnahmen mitgeteilt. Die zugezogenen Militärveterinäre erhalten für die vorbezeichneten Amtsverrichtungen aus der Staatskasse weder Reisekosten und Tagegelder noch sonstige Vergütungen.

Vorstehende Vorschriften finden auf solche eigenen Pferde von Militärpersonen, die zusammen mit Pferden der Militärverwaltung ausserhalb von Truppenstallungen auf Grund des Naturalleistungsgesetzes untergebracht sind, mit folgenden Massgaben Anwendung. Der zuständige Militärveterinär wird vom Kommandeur des in Betracht kommenden berittenen Truppenteiles bestimmt. Zu allen tierärztlichen Amtsverrichtungen sind in diesen Fällen ausser den Militärveterinären auch die zuständigen beamteten Ziviltierärzte nach den hierüber bestehenden allgemeinen Vorschriften zuzuziehen. Die Vereinbarung des Zeitpunktes für die gemeinsam auszuführenden Amtsverrichtungen hat im unmittelbaren Benehmen zwischen den beteiligten Militär- und Zivilveterinären zu erfolgen.

Besteht die gemeinsame Amtsverrichtung in der Obduktion eines gefallenen oder getöteten Pferdes, und wird bei der Obduktion übereinstimmend oder auch nur von einem der beteiligten Tierärzte Rotz oder Milzbrand oder der Verdacht einer dieser Seuchen als vorliegend angenommen, so ist eine Prüfung des Obduktionsergebnisses durch das pathologisch-anatomische Institut der Tierärztlichen Hochschule in Berlin herbeizuführen. Ob hierbei bei Rotz die Einsendung von Kadaverteilen zu erfolgen hat, bleibt weiterer Bestimmung vorbehalten.

Bei Milzbrand sind sogleich nach der Zerlegung des Pferdes je zwei Objektträger mit Blut und mit Milzpulpe dick zu bestreichen. Das Blut ist aus einer Drossel-

oder Ohrvene und die Milzpulpe aus der Mitte der Milz zu entnehmen. Blut und Milzpulpe sind auf der Oberfläche des Objektträgers so auszustreichen, dass etwa zwei Drittel der Oberfläche bedeckt sind. Die ausgestrichene Masse wird an Ort und Stelle bei Luft- und Zimmertemperatur unter Ausschluss der unmittelbaren Wirkung der Sonnenstrahlen getrocknet.

Jeder Objektträger ist alsdann äusserlich zu bezeichnen und in Pergamentpapier einzuwickeln. Schliesslich sind alle Objektträger mittels Watte in einem flachen Holzkistchen so zu verpacken, dass sie unbeweglich liegen. Die Holzkästchen sind mit deutlich geschriebener Adresse und als „dringendes Paket“ der Post zur Beförderung an das genannte Institut aufzugeben.

In beiden Fällen ist dem Institut Abschrift des gemeinsam aufgenommenen Obduktionsprotokolls zu übersenden. Das Institut wird die beteiligten Tierärzte von dem Prüfungsergebnisse benachrichtigen. Dies Ergebnis ist bei der endgültigen Begutachtung des Falles zu berücksichtigen.

In allen Fällen, in denen die bei den gemeinsamen Amtsverrichtungen beteiligten Tierärzte über die Begutachtung des Krankheitszustandes und über die zu ergreifenden Schutzmassregeln einig sind, haben die Polizeibehörden ihren weiteren Entschliessungen das übereinstimmende Gutachten zugrunde zu legen.

Bei Meinungsverschiedenheiten ist unbeschadet der bestehenden besonderen Vorschriften für die Feststellung von Seuchen zum Zwecke der Erlangung von Entschädigungen aus öffentlichen Mitteln (vgl. § 21 des Ausführungsgesetzes zum Viehseuchengesetze vom 12. März 1881, Art. I Nr. 4 der Milzbrandentschädigungsgesetze vom 29. Juni 1890 und 22. April 1892, sowie die dazu erlassenen Milzbrandentschädigungsreglements) ein Obergutachten des zuständigen Departementstierarztes und des zuständigen Korpsstabsveterinärs einzuholen und, sofern es übereinstimmend lautet, darnach zu verfahren. Bleiben auch zwischen diesen Sachverständigen Meinungsverschiedenheiten bestehen, so ist schleunigst über den Sachverhalt an mich zu berichten.

Bis zur endgültigen Entscheidung sind nötigenfalls die für den Fall eines Seuchenverdachts zugelassenen und zur Verhütung der Seuchenverbreitung erforderlich erscheinenden Massnahmen vorläufig zu treffen.

Druck von L. Schumacher in Berlin N. 4.

GPSR Compliance

*The European Union's (EU) General Product Safety Regulation (GPSR) is a set of rules that requires consumer products to be safe and our obligations to ensure this.*

*If you have any concerns about our products, you can contact us on ProductSafety@springernature.com*

In case Publisher is established outside the EU, the EU authorized representative is:

Springer Nature Customer Service Center GmbH
Europaplatz 3
69115 Heidelberg, Germany

**Batch number: 10844627**

Printed by Printforce, the Netherlands